WESTEND

NOAM CHOMSKY

Rebellion oder Untergang!

Ein Aufruf zu globalem Ungehorsam zur Rettung unserer Zivilisation

Aus dem Englischen von
Michael Schiffmann

WESTEND

Die Originalausgabe des Buches ist im Jahr 2020 bei Routledge erschienen:
INTERNATIONALISM OR EXTINCTION
by Noam Chomsky (Author)
edited by Charles Derber, Suren Moodliar, Paul Shannon
Copyright © 2020 Noam Chomsky, Valeria Wasserman Chomsky and
the Prospects for Survival with Justice Project

Mehr über unsere Autoren und Bücher:
www.westendverlag.de

Die Deutsche Nationalbibliothek verzeichnet diese Publikation in
der Deutschen Nationalbibliografie; detaillierte bibliografische Daten
sind im Internet über http://dnb.d-nb.de abrufbar.

Das Werk einschließlich aller seiner Teile ist urheberrechtlich geschützt.
Jede Verwertung ist ohne Zustimmung des Verlags unzulässig. Das gilt
insbesondere für Vervielfältigungen, Übersetzungen, Mikroverfilmungen
und die Einspeicherung und Verarbeitung in elektronischen Systemen.

2. Auflage 2021
ISBN: 978-3-86489-314-8
© Westend Verlag GmbH, Frankfurt/Main 2021
Umschlaggestaltung: Buchgut, Berlin
Satz: Publikations Atelier, Dreieich
Druck und Bindung: CPI – Clausen & Bosse, Leck
Printed in Germany

Inhalt

Einführung 7

1 Die zweifache Bedrohung 19

2 Wie erreichen wir die Menschen? 44

3 Fragen der Strategie 58

4 Aktuelle Gedanken über Bewegungen und ihre Zukunft 70

5 Die dritte Gefahr: Die Aushöhlung der Demokratie 80

6 Was kommt nach Trump? Interview im Dezember 2020 90

7 Weitere Quellen 121

Anmerkungen 125

Einführung

Die Dringlichkeit der »Gefahr des Untergangs« ist unübersehbar. Sie sollte der konstante Gegenstand von Aufklärungsprogrammen, Organisation und Aktivismus sein und den Hintergrund für unser Engagement in allen anderen Kämpfen bilden. Aber sie kann diese Kämpfe nicht ersetzen, zum einen, weil viele dieser anderen Kämpfe ihrerseits entscheidend wichtig sind, und zum anderen, weil diese grundlegende Gefahr nicht effektiv angegangen werden kann, solange es kein allgemeines Verständnis für ihre Dringlichkeit gibt. Aber ein solches Verständnis setzt eine wesentlich größere Sensibilität gegenüber den weltweit verbreiteten Formen von Leid und Unrecht voraus – ein tieferes Bewusstsein, das zu Aktivismus und Engagement sowie zu tieferen Einsichten in deren Wurzeln und wechselseitige Verbindungen inspirieren kann. Es ist nutzlos, zu mehr Militanz aufzurufen, wenn die Bevölkerung noch nicht dazu bereit ist, und diese Bereitschaft kann nur durch geduldige Arbeit geschaffen werden. Das mag frustrierend sein, wenn wir an die nur zu reale Dringlichkeit der existenziellen Gefahren denken. Aber egal, ob das frustrierend ist oder nicht, wir können diese vorbereitenden Stufen nicht überspringen.

– Noam Chomsky, Januar 2019

An einem diesigen Nachmittag Mitte Oktober 2016 nur einige Wochen vor der schicksalhaften Wahl im November, die dann Donald J. Trump ins Weiße Haus brachte, versammelte sich vor der historischen Old South Church in Boston eine große Menschenmenge, die bald mehr als zwei Häuserblocks weit reichte. Zwar waren alle, die gekommen waren, natürlich stark mit der bevorstehenden Wahl beschäftigt, aber das war keineswegs ihr einziges Anliegen. Einige waren sogar aus dem Ausland angereist und sie alle waren hier, um bei einer »Chomsky-Veranstaltung« dabei zu sein – Letzteres eine der Bezeichnungen für die sehr besondere Art von breit angelegter öffentlicher Vorlesung und Konversation, die immer wieder stattfindet, wenn der bekannte Linguist und öffentliche Intellektuelle vor einem großen Publikum spricht. Die jüngeren Teilnehmer an der Veranstaltung setzten sich dann später auf ganz ähnliche Art mit Noam Chomsky auseinander, wie das ihre Großeltern schon fünfzig Jahre zuvor getan hatten, als er so viel zur öffentlichen Infragestellung der beständigen Eskalation der US-Intervention in Vietnam beitrug. Dabei gibt Chomsky meist, auf Basis leicht zugänglicher Quellen, in eloquenter, aber schlichter Prosa einen wohlstrukturierten Vortrag, dessen Argumente und Wortwahl für fast alle Zuhörer verständlich sind. Wenn die heutige Chomsky-Veranstaltung so wie sonst lief, würde es zweifellos einen langen Frage- und Antwortteil geben, in dem Noam sich mit den Fragen, Kommentaren oder Einwänden der Anwesenden auseinandersetzen würde. Dabei würden seine Antworten genauso ruhig, überlegt und konzentriert sein wie der Vortrag selbst – mit Ausnahme der Fragen, in denen er gebeten würde, *über sich selbst* zu sprechen. Auf diese würde er anders reagieren und sie entweder ignorieren, beiseitewischen oder geschickt umgehen. Aufgrund seiner zutiefst egalitären und demokratischen Einstellung scheint Chomsky solche Fragen unwichtig zu finden. Die Tatsachen und Argumente, die er im Dienst dessen vorträgt, was Menschen zu ihrer jeweiligen »Sache« gemacht haben, machen solche Fragen seiner Ansicht nach überflüssig.

Und die Sache, um die es im Oktober 2016 ging, unterschied sich beträchtlich von vielen anderen, über die Chomsky in all den Jahren zuvor gesprochen hatte. An diesem Abend sprach er nicht über diese oder jene Gräueltat oder Rechtsverletzung einer Supermacht. Stattdessen trug sein Vortrag den Titel »Internationalismus oder Untergang« und bezog sich nicht auf irgendeine besondere innen- oder außenpolitische Maßnahme oder Katastrophe, sondern auf die drohende Gefahr des Untergangs so gut wie *aller* Lebensformen auf der Erde.

In der Stunde bis zu Beginn der Veranstaltung unterhielten sich die Teilnehmer leise und geduldig. Der Titel warnte schon vor dem dramatischen Thema, um das es gehen würde. Aber auch ein vorgebildetes Publikum kann schwerlich darauf vorbereitet sein, dass man es gleich dazu bringen wird, sich mit Entwicklungen auseinanderzusetzen, die zum endgültigen Aussterben der meisten Arten einschließlich der eigenen führen könnten. Darin ähnelte die Erfahrung des wartenden Publikums sicher der des Lesers des vorliegenden Bändchens, dessen Titel ja so bedrohlich ist, wie er überhaupt nur sein kann.

Aber genau das macht Botschaft und Herangehensweise Noam Chomskys aus: Komplexe Fakten und scheinbar übermächtige soziale Strukturen sind alle durch unsere Vernunft erfassbar. Ruhige Diskussion, der Austausch von Standpunkten, klar formulierte Argumente und Konzepte, schnörkellose historische Darstellungen, strategische Fragestellungen und kollektives Engagement, um die Verantwortlichen für die Zerstörung zu überzeugen, unter Druck zu setzen oder loszuwerden – das alles ist Teil dessen, was den nicht eigens erwähnten, implizit *aktivistischen* Zweck eines Vortrags von Chomsky ausmacht.

Dieses Buch geht auf besagte Chomsky-Veranstaltung zurück. Der Hauptteil (erstes Kapitel) gibt den ursprünglichen Vortrag wieder und ist zusätzlich mit Fußnoten versehen, die den Leser auf weitere Quellen hinweisen. Das zweite Kapitel geht auf ein nach dem Vortrag geführtes Gespräch mit dem engagierten Aktivisten Wallace Shawn zurück, der vielen besser als herausragender Dramatiker und Schauspieler bekannt ist. Vor dem Hintergrund seiner Freundschaft mit Noam, die in den 1980er-Jahren im sandinistischen Nicaragua begann, stellte Shawn einige Überlegungen zu Noams Vortrag an und bat ihn, etwas zu der ewigen, emblematischen Frage zu sagen: *Wie überzeugen wir die Leute, die heute nicht hier sind, davon, dass sie etwas tun müssen?*

Chomskys Antwort darauf war wahrscheinlich für das Publikum und vielleicht auch für Shawn selbst unbefriedigend. Er sprach dabei von verschiedenen Möglichkeiten zum Abschluss von Abrüstungsverträgen, von verschiedenen historischen Präzedenzfällen und von den Gründen für solche Verträge. Aber damit tat Chomsky die Frage keineswegs arrogant ab, sondern gab Shawn und dem Publikum eine Antwort, die man, wenn es denn überhaupt so etwas gibt, als das »Chomsky-Dogma« bezeichnen könnte: *Wir überzeugen Menschen davon, sich zu engagieren und aktiv zu werden, indem wir ihnen die Fakten und Möglichkeiten aufzeigen. Und die von Chomsky erwähnten Verträge waren solche Möglichkeiten.* Dafür, dass seine Zuhörer sich dann dafür entscheiden, das Richtige zu tun, gibt es natürlich keine Garantie. Aber die implizite Aussage ist dennoch, *dass die Geschichte in unserer Hand ist und von unserer Kreativität abhängt – und von unseren Grenzen.*

Im Lauf des auf das Gespräch mit Wallace Shawn folgenden und im dritten Kapitel wiedergegebenen Publikumsgesprächs tauchten wie bei jeder Chomsky-Veranstaltung immer wieder Varianten dieser Frage und der Antworten Noams auf. Während seine grundsätzliche Aussage dabei stets dieselbe bleibt, sind seine Antworten immer detailliert und sorgfältig mit Argumenten untermauert. Stets geht er auf die historische Besonderheit jedes Themas und die spezifischen Probleme ein, mit denen Menschen konfrontiert sind, die im jeweiligen Bereich etwas tun wollen. Kein Kampf, ganz gleich wie lokal oder beschränkt er auch sein mag, wird dabei als unwichtig abgetan. Die Herausforderung für Menschen, die etwas verändern wollen, besteht darin, herauszufinden, wie sich spezifische Kämpfe mit allgemeineren Kämpfen, besonders denen, denen die ganze Menschheit gegenübersteht, verbinden lassen.

Noams direkte, auf seinem Respekt für all die vielen lokalen Kämpfe basierende Antwort auf diese Frage findet sich explizit in seinem Nachwort in Kapitel vier. Sie besteht aus 2019 geschriebenen Anmerkungen zu Fragen der Herausgeber, mit denen er seine Analyse auf die Zeit nach den Wahlen von 2016 und die ersten zwei Jahre der Trump-Administration ausdehnt. Wie schon das dieser Einleitung vorangestellte Zitat klarmacht, soll mit dem Verweis auf die Gefahr des Untergangs auf keinen Fall die Bedeutung anderer, vielleicht unmittelbarerer Kämpfe bestritten werden. Allerdings müssen diese in das richtige Verhältnis zu dem breiteren, universalen Kampf um das Überleben der Menschheit *und* um Gerechtigkeit gebracht werden. Wir dürfen nicht erwarten, dass die Menschen auf ihre direkten Bedürfnisse verzichten oder ihre historischen Ansprüche aufgeben; stattdessen sollten diese Kämpfe mit dem Kampf gegen den Untergang der Menschheit verbunden und verwoben werden.

In Kapitel fünf finden wir den Anfang eines weiteren wohlbedacht formulierten Vortrags Noams von 2019, mit dem er eine *dritte* existenzielle Gefahr anspricht: die Aushöhlung des demokratischen Prozesses, die ihrerseits zur Verschärfung der Klimakrise und zu der Gefahr eines Atomkriegs beiträgt.

Worum geht es in Noams Vortrag im ersten Kapitel – Internationalismus oder Untergang? Als langjähriger Gegner aller Atomwaffen skizziert Noam nun eine weitere Gefahr für das »200 000 Jahre alte Experiment der menschlichen Spezies«: den Klimawandel. Er verweist auf das zeitliche Zusammentreffen beider Gefahren, die beide am Ende des Zweiten Weltkriegs auftauchten. Nur Monate vor der Veranstaltung hatte eine Arbeitsgruppe der International Union of Geological Sciences (IUGS) den Begriff des »Anthropozäns« vorgeschlagen, um zu verdeutlichen, dass die Menschheit und ihre Gesellschaften sich heute in Naturkräfte verwandelt haben, die eine Veränderung des Planeten auf geomorphologischer Ebene bewirken.

»Anthropozän« war zunächst nur ein obskurer Begriff, den sowjetische Wissenschaftler zur Beschreibung der langfristigen Auswirkungen des Handelns der Menschheit auf die Natur geprägt hatten, hat aber nun als Bezeichnung für die Epoche nach dem Holozän, das vor 11 000 Jahren begann, Eingang in den akademischen Diskurs und in die Massenmedien gefunden. Der Kohlendioxidspiegel der Atmosphäre, der heute bedeutend höher ist als je zuvor in der Geschichte der Menschheit, liefert einen klaren, objektiven Maßstab für diese Auswirkungen: Es sind menschliche Aktivitäten, vor allem die Verbrennung fossiler Brennstoffe, die diesen Wert immer rascher nach oben treiben. In seinem Vortrag zeigt Chomsky, dass dies parallel zur wachsenden Gefahr eines tödlichen Nuklearkonflikts stattfindet. In der Ära des Anthropozäns haben Wissenschaftler nun eine Zeit der »Großen Beschleunigung« diagnostiziert, in der der Kohlenstoffspiegel auf mehr als 400 Teilchen per Million (ppm) anstieg und damit wesentlich höher lag als der als »sicher« betrachtete Wert von 350 ppm. Diese Beschleunigung begann etwa 1950.[1]

Unter Umweltwissenschaftlern und öffentlichen Intellektuellen wird eine Debatte darüber geführt, ob die Bezeichnung »Anthropozän« uns nicht vielleicht von den sozialen Systemen ablenken könnte, die diese Gefahr des Untergangs antreiben. Ein sehr bedeutender Teilnehmer dieser Debatte, der Umwelthistoriker Jason Moore, ist sogar der Meinung, wir sollten die Epoche seit Ende des 18. Jahrhunderts besser als »Kapitalozän« definieren, um auch auf einige entscheidende *Gründe* des destruktiven Charakters der Epoche hinzuweisen.

Während Chomsky diese Frage im vorliegenden Band nicht anspricht, weist er dennoch auf zwei Elemente des derzeitigen menschlichen Handelns hin, die damit zu tun haben. Zum einen fordert er das Publikum auf, »über eine höchst bemerkenswerte Tatsache nachzudenken: Eine der wichtigsten politischen Organisationen im mächtigsten Land der Weltgeschichte hat sich ganz buchstäblich der Vernichtung eines Großteils des Lebens auf der Erde verschrieben.« Damit richtet er unsere Aufmerksamkeit auf die Republikanische Partei, ihre systematische Leugnung des Klimawandels und ihre dezidiert destruktive Umweltpolitik. Und hier könnte das Publikum natürlich die Frage stellen, welche Kräfte es sind, die die Republikanische Partei und das System als Ganzes dominieren.

Im zweiten Fall gibt Chomsky eine indirekte, aber vielsagende Antwort auf die Frage nach den sozialen Ursachen und zitiert dazu den vierten Präsidenten der USA und einen ihrer »Gründerväter«, James Madison, der einst über die »freche Verderbtheit der Zeiten« sprach, in denen reiche »Börsenspekulanten« sich mit der Regierung, »deren Werkzeuge und Tyrannen sie in einem sind«, zusammentun, um die Herrschaft des Volkes »mit ihrem Geschrei und ihren Schlichen« zu überwältigen. Aus dieser Perspektive haben Privatinteressen schon ganz zu Anfang der amerikanischen Republik den Staat erobert und die Stimme sowie die Interessen der Bevölkerung zugunsten ihrer eigenen Logik der Profitmaximierung verdrängt.

Wir sind allerdings diesen Privatinteressen (über die Chomsky in anderen Werken spricht – siehe dazu Kapitel sieben: Weitere Quellen) und den auf ihnen basierenden »nationalen« Interessen der USA keineswegs ohnmächtig ausgeliefert und mit seinem Vortrag bot Noam dem Publikum die Möglichkeit, Wege auszuloten, auf denen internationale Zusammenarbeit sowohl durch den Druck von Eliten als auch durch den der Bevölkerung entstehen kann. Zugleich zeigt er jedoch auf, dass auch dies sich bisher als unzureichend erwiesen hat, um die Menschheit und den Planeten vor der Gefahr eines atomaren Holocaust zu schützen. Er führt zwei Beispiele für provokative Aktionen der USA an, die fast zu einer unkontrollierbaren Eskalation und einem umfassenden Atomkrieg geführt hätten. Und beide Male boten die bestehenden Verträge und internationalen Mechanismen keinen Schutz. Sowohl während der sogenannten Kubakrise Anfang der 1960er-Jahre als auch während der US-amerikanischen »Operation Able Archer« [»Operation Geschickter Bogenschütze«] in den 1980er-Jahren gewährte die Entscheidung untergeordneter Offiziere, sich *nicht* an die mechanischen Verfahrensabläufe zu halten, der Menschheit noch eine weitere Atempause.

Im Fall von Operation Able Archer gab der russische Offizier Stanislav Petrov die Informationen über einen vermeintlichen

US-Angriff nicht an seinen Vorgesetzten weiter. Er verstieß damit gegen seine Anweisungen für einen solchen Fall und rettete uns so sehr wahrscheinlich vor dem Untergang. Während der Kubakrise verweigerte der sowjetische U-Boot-Offizier Wassili Archipow seine Zustimmung zum Abschuss von Nuklearraketen. In diesem letzteren Fall entsprach sein Vorgehen dem vorgesehenen Prozedere, aber es hätte leicht anders ausgehen können, da zwei weitere Offiziere dem Abschuss bereits zugestimmt hatten. Aber glücklicherweise war die Zustimmung aller drei Offiziere an Bord von Archipows U-Boot erforderlich.

Wären diese Militärs kritiklos den erwarteten Handlungsabläufen gefolgt, wären weder Chomsky noch seine Zuhörer überhaupt noch am Leben gewesen und hätten niemals über das Verhalten dieser bis heute kaum bekannten Soldaten nachdenken können.

Gerade durch seinen Verweis auf diese Art von individuellem Widerstand kann Chomsky deutlich machen, wie groß die Gefahr für unser Überleben und wie notwendig eine Umgestaltung der internationalen Ordnung ist. Während ihm die Haltung einiger der rationaleren und aufgeklärteren Angehörigen der Elite und ihre Forderungen, wie zum Beispiel die von Ronald Reagans Außenminister George Shultz nach Beendigung des weiteren Baus und langfristiger Abschaffung von Atomwaffen, Hoffnung geben, stellt er zugleich unzweideutig fest, dass wir nicht erwarten können, dass »Systeme organisierter Macht angemessene Schritte zur Bekämpfung dieser Krisen unternehmen – zumindest, solange sie nicht durch eine permanente und engagierte Mobilisierung und Aktivität der Bevölkerung dazu gezwungen werden«. Als vielversprechende Alternative verweist er auf Bewegungen wie die große Mobilisierung breiter Teile der Bevölkerung gegen die weitere Entwicklung von Nuklearwaffen

Anfang der 1980er-Jahre, die für ihn sowohl exemplarisch als auch notwendig seien.

Im Verlauf der Diskussion gewährte Noam dann auch Einblicke in die Geschichte seines persönlichen Engagements. Am Beispiel einer dieser Begebenheiten, die um ein Rüstungsforschungslabor namens Draper-Labor kreiste, erläutert er die seiner Perspektive zugrundeliegende strategische Logik. Damals sprachen sich liberale Kräfte gegen vom Pentagon finanzierte Forschungen am MIT aus und forderten das Verbot aller derartiger Aktivitäten *auf dem Campus*. Die Konservativen fanden natürlich genau solche Forschungen gut. Dagegen war die Position der von Noam unterstützen »Radikalen«, solange es solche Forschungen überhaupt gebe, sei es bei Weitem vorzuziehen, wenn sie *auf dem Campus* stattfänden, wo sie öffentlich überwacht und debattiert werden könnten. Dieser Sicht zufolge bestand das Manko der liberalen Position darin, dass sie diese Art von Forschung gar nicht beenden, sondern nur an Orte auslagern wollte, wo sie nicht wie an der Universität auf organisierten Widerstand stoßen würde. Ganz ähnlich war die Analyse dessen, was Aktivisten an der Basis und sowohl gemeinsam mit staatlichen Akteuren als auch gegen diese fordern sollten, die Basis von Noams Vortrag, der eine sorgfältig komponierte Mischung von geerdeten, pragmatischen Strategien und visionären Ansprüchen lieferte.

Als das Publikum sich dann ins große Schiff der Kirche begab, in der die Veranstaltung stattfand, führte der Weg durch eine Kapelle voller Tische und Stände der verschiedensten Organisationen, von denen jede sich mit Themen befasste, von denen sie glaubte, sie könnten für die Besucher relevant sein. Während Noams Vortrag eine große Synthese vieler verschiedener Anliegen versprach, fügten sich so auch zahlreiche sehr spezifische Kämpfe in diesen Gesamtrahmen ein. Diese Initiativen kommen leider in diesem Buch nicht vor, aber man bekommt in den Anfangspassagen des unter ChomskySpeaks.org im Internet verfügbaren Begleitvideos *Noam Chomsky – Internationalism or Extinction* eine ganze Reihe dieser vielfältigen Organisationen zu sehen: Haiti- und Venezuela-Solidaritätsgruppen, Ortsverbände von Antiatomwaffen- und Friedensvereinigungen, Bewegungen für Konzernpräsenz, Umweltprojekte, sozialistische Organisationen und viele andere. Ermöglicht wurden die Veranstaltung, das Video und damit das vorliegende Buch durch eine Förderung des Wallace Action Funds. Der Gründer, Randall Wallace, liest Chomskys Werke seit vielen Jahren sehr aufmerksam und ist außerdem Enkel des Agrarwissenschaftlers und ökologischen Denkers Henry Wallace, der von 1941 bis 1945 Franklin Delano Roosevelts Vizepräsident war und bei seiner eigenen Präsidentschaftskandidatur 1948 vor dem heraufziehenden Kalten Krieg und dessen vorhersehbaren Folgen warnte – den Folgen, die Noam im vorliegenden Buch so plastisch darstellt.

Auch wenn die düstere Analyse in diesem Band durch einen geerdeten optimistischen Glauben an den Widerstand von unten ausgeglichen wird, werden die Leser sich wohl genau wie einer der Teilnehmer der Veranstaltung von 2016 fragen: Wie können wir »unser Engagement bewahren«? Noams typisch lapidare Antwort hierauf war: »Man muss ja nur an die Alternative denken.« »Wir geben nicht auf!«, war die unausgesprochene, aber deutlich spürbare Schlussfolgerung des Großteils des Publikums, und genau dasselbe wünschen wir uns in Bezug auf die Leser dieses Buchs und ihre Reaktion auf seinen Aufruf zu einer Notfallmobilisierung gegen den beschleunigten Untergang der meisten Arten einschließlich der menschlichen, der bereits begonnen hat. Um es in Noams Worten zu sagen: »Die Aufgaben, die vor uns stehen, sind gewaltig und können nicht aufgeschoben werden.«

Charles Derber, Suren Moodliar und Paul Shannon
im Frühjahr 2020

1 Die zweifache Bedrohung

Der mögliche Untergang der menschlichen Spezies und die Frage des Internationalismus waren seit dem Augenblick, in dem die Gefahr des Untergangs zur einer nur zu realistischen Sorge wurde, nämlich seit dem 6. August 1945, engstens miteinander verbunden. Es ist ein Tag, den niemand, der ihn damals bewusst erlebte, je vergessen wird – und ein Tag, an den ich mich selbst sehr gut erinnere. An jenem Tag wurde klar, dass die menschliche Intelligenz die Mittel ersonnen hatte, dem 200 000 Jahre alten menschlichen Experiment ein Ende zu machen.

Dabei stand von Anfang an nicht ernstlich in Zweifel, dass diese Fähigkeit zur Zerstörung der Welt immer größer werden, bald auch in andere Hände übergehen und so die Gefahr einer Selbstvernichtung noch steigern würde. Die Geschichte der Beinah-Desaster in den darauffolgenden Jahren, die manchmal Zufällen und Irrtümern, gelegentlich aber auch einer schockierenden Fahrlässigkeit geschuldet waren, ist erschreckend und die Gefahr wächst bedrohlich an. Eine Untersuchung der Ereignisse zeigt klar, dass es fast ein Wunder ist, dass es in den letzten 70 Jahren noch nicht zur Katastrophe gekommen ist und wir uns keineswegs darauf verlassen können, dass dieses Wunder sich weiter fortsetzt.

An diesem düsteren Tag im August 1945 ist die Menschheit in eine neue Ära, nämlich ins Atomzeitalter, eingetreten. Dabei wird dieses Zeitalter kaum lange dauern können: *Entweder wir sorgen für sein Ende oder es wird sehr wahrscheinlich für das unsrige sorgen.* Damals wurde sofort klar, dass jede Hoffnung, den Geist in der Flasche zu halten, internationale Zusammenarbeit erfordern würde. Noch im Herbst 1945 erreichte ein Buch, in dem eine föderale Weltregierung gefordert wurde, die Spitze der Bestsellerlisten – sein Verfasser war kein anderer als der Literaturagent Winston Churchills, Emery Reeves.[1]

Auch Albert Einstein war nur einer von vielen, die damals mit der Forderung nach *einer Weltregierung* reagierten – und er bezeichnete sie ausdrücklich als die politische Antwort auf die erschütternden Ereignisse des August 1945. Er und andere erkannten, dass es sich hier um einen Wendepunkt der menschlichen Geschichte, ja vielleicht sogar um den Anfang vom Ende dieser Geschichte handelte. Die Hoffnung, die Vereinten Nationen könnten die erste Vorstufe zu einer solchen Weltregierung bilden, wurde rasch enttäuscht – ein wichtiges Thema für sich, auf das ich hier leider nicht eingehen kann.

Auch wenn das damals noch kaum jemand wusste, begann zur selben Zeit eine zweite und nicht weniger bedeutsame neue Ära – eine neue geologische Epoche, die später als Anthropozän bezeichnet wurde. Diese Epoche ist durch einen extremen Einfluss menschlicher Aktivitäten auf die Umwelt gekennzeichnet. Inzwischen begreifen wir allmählich, dass wir uns schon mitten in dieser Epoche befinden, aber eine Weile lang waren sich die Wissenschaftler nicht darüber einig, wann genau dieser Wandel im Verhältnis von Mensch und Natur so stark wurde, dass man dort den Beginn des Anthropozäns ansetzen kann. Im April 2016 gelangte die internationale Geologenorganisation Antropocene Working Group hier zu einem Schluss und empfahl dem 35. Internationalen Geologischen Kongress, den Beginn des Anthropozäns auf das Ende des Zweiten Weltkriegs zu datieren.[2]

Der Analyse dieser Arbeitsgruppe zufolge fallen der Beginn des Anthropozäns und der Beginn des Atomzeitalters zusammen: Es handelt sich um eine zweifache Gefahr für jede Fortsetzung menschlichen Lebens in organisierter Form. Beide Gefahren sind ernst und unmittelbar. Es wird mittlerweile weithin anerkannt, dass wir uns heute in der Periode des sechsten Massenaussterbens befinden. Das fünfte Massenaussterben vor 66 Millionen Jahren wird gemeinhin einem riesigen Asteroiden zugeschrieben, der auf der Erde einschlug und 75 Prozent sämtlicher Arten auf dem Planeten vernichtete. Dieses Ereignis beendete das Zeitalter der Dinosaurier und bereitete der Ausbreitung kleiner Säugetiere – und vor etwa 200 000 Jahren schließlich auch des Menschen – den Weg.

Wir Menschen haben dann nicht lange gebraucht, um das sechste Massenaussterben in Gang zu setzen, welches voraussichtlich nicht weniger umfangreich als die vorherigen sein wird, sich von diesen aber auf bemerkenswerte Art unterscheidet. Bei den weit vor der Zeit des Menschen liegenden Perioden des Massenaussterbens gab es keinen Zusammenhang zwischen Körpergröße und Untergang der jeweiligen Spezies. Jede Periode des Massenaussterbens raffte alle Arten gleichermaßen dahin, unabhängig davon, wie groß sie waren. Beim nun begonnenen sechsten Massenaussterben werden die größeren Tiere in wesentlich höherem Maß eliminiert als alle anderen.

Damit setzt sich eine Geschichte fort, die bis zu unseren frühen proto-menschlichen Vorfahren zurückreicht. Bei ihnen handelte es sich um eine räuberische Spezies, die anderen großen Organismen beträchtlichen Schaden zufügte, viele von ihnen ausrottete und nach nicht allzu langer Zeit demselben Schicksal zum Opfer fiel. Die Fähigkeit des Menschen, seinesgleichen in großem Maßstab zu vernichten, steht schon längst nicht mehr in Zweifel und hat im 20. Jahrhundert einen grässlichen Höhepunkt erreicht. Die Ergebnisse der Anthropocene Working Group bestätigen den Schluss, dass die klimaaufheizenden CO_2-Emissionen in der Atmosphäre schneller wachsen als jemals zuvor in den letzten 66 Millionen Jahren.

Die Arbeitsgruppe zitiert einen Bericht von Juli 2016, dem zufolge die Zahl der CO_2-Partikel in der Atmosphäre den Wert von mehr als 400 pro Million (ppm) erreicht hat. Weiterhin wachse der Kohlenstoffspiegel in einem für die geologische Geschichte beispiellosen Tempo. Spätere Studien haben dann gezeigt, dass diese Zahl keine zufällige statistische Schwankung ist. Sie scheint von Dauer zu sein und den Ausgangspunkt für weiteres Wachstum zu bilden – aber gleichzeitig werden 400 ppm als der Punkt betrachtet, der eine kritische Gefahr signalisiert. Dieser Wert liegt bedrohlich nah an demjenigen, an dem den Schätzungen zufolge die Stabilität des großen antarktischen Eisschilds bedroht ist. Ein Abschmelzen dieses Schilds würde katastrophale Folgen für den Meeresspiegel haben, und in den arktischen Regionen sind die entsprechenden Prozesse schon auf unheilschwangere Art im Gang.

Das Gesamtbild ist nicht weniger bedrohlich und praktisch jeden Monat kommt es zu neuen Temperaturrekorden; gewaltige Dürren bedrohen das Überleben von Hunderten von Millionen Menschen. Außerdem tragen diese Entwicklungen zu einigen der schrecklichsten Konflikte der Welt wie in Darfur und Syrien bei. Jedes Jahr sind durchschnittlich 31,5 Millionen Menschen vor Desastern wie Überflutungen oder Stürmen auf der Flucht, und dabei handelt es sich um eine längst vor-

Der unter dem Namen »Rim Fire« bekannte Waldbrand im Stanislaus National Forest in Kalifornien, 17. August 2013.
Quelle: Agrarministerium der Vereinigten Staaten.

hergesagte Auswirkung der Erderwärmung. Das ist beinahe ein Mensch pro Sekunde, eine Zahl, die noch höher liegt als die der Flüchtlinge vor Krieg und Terror. Und diese Zahlen werden mit dem Schmelzen der Gletscher und dem Ansteigen des Meeresspiegels, zwei Faktoren, die die Wasserversorgung einer gewaltigen Zahl von Menschen bedrohen, noch wachsen.

Das Abschmelzen der Gletscher des Himalayas könnte die Wasserversorgung Südasiens, das heißt von mehreren Milliarden von Menschen, abschneiden. Allein in Bangladesch steht wegen seiner tiefgelegenen Küstenregionen in den kommenden Jahrzehnten zu erwarten, dass zigmillionen Menschen aufgrund des steigenden Meeresspiegels fliehen müssen. Es droht eine Flüchtlingskrise, welche die gegenwärtige als unbedeutend erscheinen lassen wird, und das ist noch nicht einmal der Anfang. Die führenden Klimawissenschaftler Bangladeschs haben mit einigem Recht gesagt, diese Migranten hätten das Recht auf Auswanderung in die Länder, aus denen all diese Treibhausgase stammen – dass also Millionen die Möglichkeit gegeben werden sollte, in die Vereinigten Staaten einzuwandern. Hier haben wir eine moralische Frage von nicht geringer Tragweite vor uns.

Ich werde mich hier nicht mit einem Überblick über die Gesamtsituation aufhalten, da ich annehme, dass Sie hier im Publikum damit recht gut vertraut sind, aber diese Situation sollte für jeden, der sich um die Zukunft der menschlichen Spezies und der anderen Arten sorgt, die wir mit solcher Hingabe vernichten, zutiefst alarmierend sein. All das liegt nicht in ferner Zukunft, sondern geschieht hier und heute – und es wird sich in rapidem Tempo verschlimmern. Und es war immer vollkommen klar, dass sämtliche effektiven Maßnahmen zur Bekämpfung der Gefahr einer Umweltkatastrophe globalen Charakter haben müssen.

Mit den Verhandlungen der Pariser Klimakonferenz COP 21 im Jahr 2015 machten die internationalen Bemühungen zur Abwendung der Katastrophe einen Schritt nach vorn. Das ausgehandelte Abkommen sollte mittlerweile in Kraft sein. Das Datum wurde eigens vorverlegt aus Sorge, ein Sieg der Republikaner bei den US-Wahlen von November 2016 könnte das Erreichte – nicht sehr viel, aber immerhin etwas – zunichtemachen. Dabei hatte die Weigerung der Republikaner, den Klimawandel zur Kenntnis zu nehmen, ohnehin schon eine gravierende Auswirkung. Ursprünglich hatte die Hoffnung bestanden, dass die Pariser Verhandlungen zu einem verbindlichen Vertrag führenden würden, aber diese Hoffnung wurde aufgegeben, weil der republikanisch dominierte Kongress nicht bereit war, irgendwelche bindenden Verpflichtungen zu akzeptieren.

Puerto Rico am Morgen nach dem Hurricane Maria, 19. September 2017. *Foto: Roosevelt Skerrit*

Was dann herauskam, war ein freiwilliges Abkommen – was natürlich viel schwächer ist. Außerdem kam es im Oktober 2016 zu einer extrem wichtigen Übereinkunft zur Reduktion des Gebrauchs von Fluorkohlenwasserstoffen (FCKW).[3] FCKW sind extrem umweltschädliche Treibhausgase. In Indien und Pakistan wurde die Umsetzung für eine Weile verzögert, weil die wachsende Hitze und die schreckliche Armut dort billige FCKW-Air-Condition-Geräte vorläufig noch unentbehrlich machen. Was hier zu tun wäre, liegt auf der Hand: Die reichen Länder müssten Subventionen zur beschleunigten Einführung von Nicht-FCKW-Geräten, wie wir sie benutzen, zur Verfügung stellen. Aber offenbar wurde nichts von dieser Art auch nur vorgeschlagen, und wenn ein solcher Vorschlag gemacht worden wäre, wäre es ihm vermutlich nicht anders ergangen als dem Ansinnen eines bindenden Abkommens.

Wir sollten hier vielleicht einen Augenblick innehalten, um über eine höchst bemerkenswerte Tatsache nachzudenken: Eine der bedeutendsten politischen Organisationen im mächtigsten Land der Weltgeschichte hat sich ganz buchstäblich der Vernichtung eines Großteils des Lebens auf der Erde verschrieben. Diese Aussage könnte unfair erscheinen, aber ein näherer Blick zeigt, dass dem nicht so ist. Gerade im Augenblick, im Oktober 2016, erreichen wir wieder einmal die Endphase des alle vier Jahre veranstalteten Rummels um die Wahlen – und während der republikanischen Vorwahlen haben sämtliche Anwärter auf die Präsidentschaftskandidatur die Fakten über den Klimawandel geleugnet.

Es gab dabei allerdings eine einsame Ausnahme, den »vernünftigen und gemäßigten« John Kasich, der meinte: »Ja, all das passiert, aber wir sollten nichts dagegen tun«, eine Position, die in Wirklichkeit noch irrsinniger ist. Damit haben wir eine hundertprozentige Weigerung vor uns, etwas zu tun. Wie Ihnen hier sicher bekannt ist, setzt sich der Kandidat, der schließlich die Primaries gewann, für den Einsatz von noch mehr fossilen Brennstoffen ein, darunter auch des destruktivsten, nämlich von Kohle. Ferner kämpft er auf jede nur mögliche Art für die Abschaffung von Regulierungen und die Verweigerung von Subventionen an Entwicklungsländer, die wie Indien versuchen, auf nachhaltige Energien wie etwa umweltschonende Air-Condition-Geräte umzusteigen, und beschleunigt damit das Wettrennen in den Untergang.

Wenn man bedenkt, was hier auf dem Spiel steht, kann man sich durchaus fragen, ob es jemals zuvor in der menschlichen Geschichte eine gefährlichere Organisation gegeben hat als die heutige Republikanische Partei. Die Frage ist angebracht und ich denke, dass die Antwort ziemlich offensichtlich ist. Genauso bemerkenswert ist allerdings, dass diese erstaunlichen Tatsachen weitgehend unkommentiert bleiben. Stattdessen bewegen sich die Aussagen in den Medien auf einem vulgären, ja schwachsinnigen Niveau. Und bei den Präsidentschaftsdebatten wird es dann genauso weitergehen; das heißt, dass dort kaum etwas über echte politische Themen und praktisch nichts über die wichtigsten Fragen der bisherigen menschlichen Geschichte gesagt werden wird – Fragen, bei denen es buchstäblich um das Überleben der Menschheit *in den nächsten Jahrzehnten* geht. Wir haben hier eine verblüffende Blindheit vor uns, die uns verleitet, wie die Lemminge schnurstracks in den Abgrund zu laufen! Zugleich wurden wir in den letzten Jahren mit zahlreichen begeisterten Berichten über die Aussicht auf nationale Unabhängigkeit im Energiesektor – »einhundert Jahre Energieautarkie« – traktiert, die hin und wieder mit Kommentaren zu den lokalen Auswirkungen von Fracking garniert wurden, aber kaum je auf die Tatsache hinwiesen, dass all das auf die enthu-

Überschwemmungen im Südwesten Iowas im März 2019 Hochwasser überschwemmt den Südwesten von Iowa. Die Flut verwüstete einen Großteil des Mittleren Westens und machte 2019 zu einem der schlimmsten Hochwasserjahre in der Geschichte der USA.

Die zweifache Bedrohung

siastische Forderung hinausläuft, das sechste Massenaussterben möge auch uns dahinraffen.

Auch die wachsende Gefahr eines katastrophalen Atomkriegs, die real und ernst ist, wird kaum irgendwo erwähnt. Damit kommen die beiden wichtigsten Fragen der gesamten Geschichte der Menschheit, von deren Lösung das künftige Schicksal der Spezies abhängt, in den umfangreichen Kommentaren zur Wahl des Präsidenten des mächtigsten Landes der Weltgeschichte so gut wie gar nicht vor. Es ist schwer, die Ungeheuerlichkeit dieser monströsen Blindheit mit Worten zu fassen, außer vielleicht diesen:

»… meine Vorstellungskraft reicht nicht für die freche Verderbtheit der Zeiten, in der die Börsenspekulanten zur Prätorianergarde der Regierung werden, deren Werkzeuge und Tyrannen sie in einem sind, indem sie sich von ihrer Freigiebigkeit bestechen lassen und sie mit ihrem Geschrei und ihren Schlichen überwältigen.«[4]

Wie man am Stil des Zitats erraten kann, stammt es nicht aus heutiger Zeit; es ist einem Brief von James Madison im Jahr 1791 entnommen, in dem er sich Gedanken über das Schicksal des jungen demokratischen Experiments macht – und es ist keine schlechte Beschreibung des Zustands dieses Experiments 225 Jahre später.

Seit Anbruch des Atomzeitalters hat es immer wieder stockende Schritte zu internationalen Bemühungen gegeben, die die Gefahr eines Atomkriegs lindern oder durch die Abschaffung dieser monströsen Waffen *sogar ganz beseitigen* könnten. Ein wichtiger Schritt in diese Richtung war der Atomwaffensperrvertrag von 1968, mit dem sich die damaligen fünf Nuklearstaaten zu dem aufrichtigen Bemühen verpflichteten, alle Atomwaffen abzuschaffen. Die übrigen Unterzeichner gaben das Versprechen ab, keine solchen Waffen zu entwickeln. Drei Staaten, die Atomwaffen besitzen, nämlich Indien, Pakistan und Israel, haben eine Unterzeichnung immer abgelehnt. Sie haben bei der Entwicklung ihrer Atomwaffenprogramme von der Unterstützung der USA profitiert: Pakistan während der Reaganjahre, Indien unter Bush und Israel seit einer »geheimen« Vereinbarung zwischen Präsident Richard Nixon und der israelischen Ministerpräsidentin Golda Meir 1969, die allerdings rasch publik wurde.

All das ist schlimm genug, aber es hätte noch schlimmer kommen können. So forderten Henry Kissinger, Dick Cheney, Donald Rumsfeld und andere prominente Figuren in den 1970er-Jahren diverse US-Universitäten, vor allem meine eigene, das MIT, zur Mitwirkung an den Atomprogrammen des Iran auf. Damals erklärten hochrangige iranische Beamte bis hin zum Schah persönlich ganz offen, dass sie damit das Ziel einer Entwicklung von Atomwaffen verfolgten, aber das störte Kissinger und Co keineswegs. Direkt nach dem Krieg zwischen dem Iran und dem Irak von 1980 bis 1988 ging George Bush mit der Verhätschelung seines damaligen Busenfreundes Saddam Hussein so weit, irakische Atomingenieure zur Ausbildung im Bereich Waffenproduktion in die USA einzuladen. Das war 1989.

All das ist jetzt längst vergessen und wir hören nichts mehr davon. Ein weiterer Versuch zur Eindämmung der Bedrohung war die Einrichtung atomwaffenfreier Zonen. In der westlichen Hemisphäre existiert eine solche bereits, und außer den USA und Kanada gehören alle anderen Länder dazu. In Afrika und im Pazifik gibt es zwei weitere solcher Zonen. Sie decken fast das gesamte jeweilige Territorium ab – allerdings nicht das ganze, denn das wird immer noch durch die Weigerung der USA zunichtegemacht, ihre Atomwaffen aus Diego Garcia und den pazifischen Inseln abzuziehen. Am weitaus wichtigsten wäre eine solche Zone jedoch im Nahen Osten. Dazu liegt seit über 20 Jahren eine Initiative der arabischen Staaten vor, die im Augenblick am intensivsten vom Iran unterstützt wird. Sie wäre der beste Schritt zur Beseitigung jeglicher Bedrohung, die vermeintlich von einem iranischen Atomwaffenprogramm ausgehen könnte. Bemerkenswerterweise ist es gerade der Iran selbst, der an der Spitze der Bemühungen zur Schaffung einer überprüfbaren atomwaffenfreien Zone in dieser Region steht.

Dabei haben die Vereinigten Staaten und Großbritannien eine größere Pflicht zur Unterstützung dieser Initiative als alle anderen Staaten: Als sie 2002/2003 nach einem Vorwand für die Invasion des Irak suchten, beriefen sie sich auf eine Resolution des UN-Sicherheitsrats von 1991, die ein Verbot von Atomwaffen im Nahen Osten forderte. Aber danach wurde die Tatsache, dass diese Resolution die USA und Großbritannien explizit dazu verpflichtet, sich für eine atomwaffenfreie Zone im Nahen Osten einzusetzen, einfach ignoriert.

Die Anstrengungen zur Realisierung dieses Vorschlags wurden von Washington regelmäßig blockiert, zuletzt unter Obama im Jahr 2015. Der nur zu durchsichtige Grund dafür war, dass man verhindern wollte, dass Israels Atomwaffenarsenal einer Inspektion unterzogen würde. Diese Ablehnung von Schritten zu einer atomwaffenfreien Zone im Nahen Osten ist an sich schon schlimm genug, aber sie bedroht auch den wichtigsten aller Rüstungskontrollverträge – den Atomwaffensperrvertrag selbst. Dieser wurde zwar auf unbegrenzte Zeit verlängert, aber diese unbegrenzte Verlängerung hat den Einsatz der Staaten für die

Schaffung einer atomwaffenfreien Zone im Nahen Osten zur Voraussetzung.

Doch der Schutz des israelischen Atomwaffenarsenals vor jeglicher Überprüfung genießt offenbar so hohe Priorität, dass er eine Bedrohung des wichtigsten Rüstungskontrollvertrages rechtfertigt. Andere Aspekte werden leider gar nicht erst nicht diskutiert. Doch das Ziel einer Abschaffung von Nuklearwaffen ist kein utopischer Traum; in letzter Zeit sind sogar etliche durchaus dem Establishment angehörige Figuren sehr dezidiert dafür eingetreten – so etwa Ronald Reagans Außenminister George Shultz, der ehemalige Senator und langjährige führende Senatsexperte für Atomwaffen Sam Nunn, Henry Kissinger und William Perry, einer der geachtetsten Analytiker, der selbst Verteidigungsminister war und daher Erfahrung aus erster Hand mit dem hat, was er als den »nuklearen Abgrund« bezeichnet.

Diese vier waren die Unterzeichner eines Editorials im *Wall Street Journal*, in dem die Abschaffung – die *vollständige* Abschaffung – der Geißel der Atomwaffen gefordert wird.[5] Ein weiterer hoch geachteter Experte für atomare Sicherheit, Bruce Blair, hat eine neue Organisation namens Global Zero gegründet, die einen internationalen Vertrag zum Verbot von Nuklearwaffen fordert. Auch der als »Weltgerichtshof« bekannte Internationale Gerichtshof kam in einem historischen Gutachten zur Rechtmäßigkeit des Besitzes oder der Androhung des Gebrauchs von Nuklearwaffen sehr nah an diese Forderung heran.[6]

Gerade im Augenblick, im Oktober 2016, beraten die Vereinten Nationen erstmals über eine Resolution zur Einleitung von Verhandlungen über ein, ich zitiere, *rechtlich bindendes Abkommen zum Verbot von Nuklearwaffen, das zu ihrer vollständigen Abschaffung führt*. Eingebracht wird die Resolution von Österreich, Brasilien, Irland, Mexiko, Nigeria und Südafrika und sie wird vermutlich von mehr als 120 Staaten unterstützt werden. Aber ohne eine breite öffentliche Unterstützung – und das ist der Punkt, an dem unsere eigene Verantwortung ins Spiel kommt – wird sie genau wie andere vergeudete Gelegenheiten dem Vergessen anheimfallen.[7]

Dasselbe gilt für die Schritte, die jetzt sofort zur Reduktion der internationalen Spannungen gemacht werden sollten, die die Gefahr eines Atomkriegs gefährlich intensivieren. Diese wachsende Gefahr hat unter nationalen Sicherheitsexperten zu großer Besorgnis geführt. So warnt William Perry, dass »wir heute vor Atomkriegsgefahren stehen, die noch wahrscheinlicher zu einem Atomkonflikt führen können als im Kalten Krieg«. Und Perry steht mit seiner Meinung keineswegs allein da. Jedes Jahr stellt eine vom *Bulletin of Atomic Experts* berufene Expertengruppe die 1947 zu Beginn des Atomzeitalters eingeführte »Doomsday Clock«, das heißt die Weltuntergangsuhr, neu, bei der »Mitternacht« das endgültige Ende für uns alle bedeutet.[8] Vor zwei Jahren, 2014, stellte sie die Uhr auf drei Minuten vor Mitternacht, wo der Zeiger auch heute noch steht.[9]

Demnach ist die Gefahr der atomaren Katastrophe wieder so hoch wie zu Anfang der 1980er-Jahre, als eine enorme Kriegshysterie herrschte – eine Zeit, an die wir uns genauer erinnern sollten und die wir besser verstehen müssen. Im November 1983 führte die Regierung unter Reagan eine Aktion namens »Operation Able Archer« durch, mit der die russischen Verteidigungssysteme durch die Simulation von Angriffen einschließlich Nuklearangriffen getestet werden sollten – und das zu einer Zeit großer internationaler Spannungen. Just zu dieser Zeit wurden in Europa, oder besser gesagt in Deutschland, moderne Raketen, Pershing-II-Raketen, aufgestellt, die innerhalb von zehn Minuten russisches Territorium erreichen konnten. Und es gab weitere Bereiche, in denen die Spannungen wuchsen. Vor einigen Jahren wurden diverse russische Archive geöffnet und den Dokumenten war zu entnehmen, dass die Russen »Able Archer« äußerst ernst nahmen. Bis vor kurzem war jedoch noch nicht ganz klar, inwieweit diese letztere Tatsache auch in Washington verstanden wurde. Die CIA behauptete bisher immer, die Russen hätten die Operation nicht weiter beachtet und gewusst, dass es sich nur um ein Manöver handelte.

Aber jetzt haben gerade freigegebene Dokumente verdeutlicht, dass man in Washington von Anfang an wusste, dass Operation Able Archer die Welt an den Rand eines selbstmörderischen Krieges brachte. Diese neuen Dokumente zeigen, dass die US-Nachrichtendienste damals zu dem Schluss kamen, die Russen hätten ihre Streitkräfte in einen, wie sie es ausdrückten, »ungewöhnlichen« Alarmzustand versetzt. Dem Protokoll zufolge bedeutete das, dass die USA nun dasselbe hätten tun müssen. Aber ein hoher Offizier der US-Luftwaffe, Leonard Perroots, fasste den einsamen Beschluss, *nicht* dem vorgesehenen Verfahren zu folgen und stattdessen nichts zu tun und das Ganze zu ignorieren – womit er sehr wahrscheinlich einen tödlichen Nuklearkrieg verhinderte.

Wir wussten bereits, dass erst kurz vor dieser Episode russische automatisierte Systeme einen vermeintlich bevorstehenden umfassenden Atomangriff der USA gemeldet hatten. Der diensthabende Offizier, Stanislav Petrov, entschied sich ebenfalls, nichts zu tun, statt diese Information an die höheren Ebenen weiterzuleiten und damit möglicherweise einen massiven Atomschlag auszulösen. Diese beiden großen Männer, Leonard Perroots and Stanislav Petrov, gehören auf die Ehrenliste der Menschen, die durch ihre selbständigen Entscheidungen die Gefahr eines Atomkrieges blockierten. Auf dieser Liste sollte auch Wassili Archipow stehen, ein russischer U-Boot-Kommandeur, der sich 1962 während eines der gefährlichsten Momente der kubanischen Raketenkrise als Einziger einem Befehl zum Angriff mit atombestückten Torpedos widersetzte, den zwei seiner Offizierskollegen in einem von US-Einheiten eingekreisten U-Boot erteilen wollten und der wahrscheinlich ebenfalls zu einem tödlichen Atomkrieg eskaliert wäre.

Das Schicksal der Zivilisation hing im Atomzeitalter leider nur allzu oft von solchen Entscheidungen ab und das kann nicht lange gutgehen. Heute steht der Zeiger der Weltuntergangsuhr wieder genau wie zu der Zeit von »Able Archer« auf drei Minuten vor Mitternacht. Als Grund gab die Expertengruppe die wachsende Gefahr eines Atomkriegs und dann erstmals auch die Weigerung der Regierungen, sich ernsthaft mit der drohenden Umweltkrise auseinanderzusetzen, an – die beiden Hauptgefahren für unser Überleben, mit denen die neue Ära unmittelbar nach dem Zweiten Weltkrieg eingeläutet wurde.

Der wichtigste potenzielle Herd eines Atomkriegs befindet sich heute an der russischen Grenze. Beide Seiten betreiben eine gefährliche Aufrüstung, führen hochgradig provokative Aktionen durch und bauen ihre militärischen Arsenale in raschem Tempo aus. Bei den USA zeigt sich das an Präsident Obamas Plan zur Bereitstellung von einer Billion Dollar für die Modernisierung des US-Nuklearwaffensystems durch *neue* Atomwaffen, Marschflugkörper und Atomsprengköpfe. Von Letzteren weiß man, dass sie besonders gefährlich sind, weil sie auch auf Kurzstreckenwaffen angebracht werden können, was bedeutet, dass selbst für Offiziere auf einem kleineren Schlachtfeld die große Versuchung besteht, sie auch einzusetzen, was dann rasch zu einem umfassenden Nuklearkrieg eskalieren könnte.

Hillary Clinton warf kürzlich in einem an die Öffentlichkeit durchgesickerten vertraulichen Gespräch die Frage auf, ob solche Programme fortgesetzt werden sollten. Auch hier kann der Druck der Öffentlichkeit einen großen Unterschied machen. Ebenfalls hochgradig provokativ ist ein 800 Milliarden Dollar teures Raketenabwehrsystem, das Washington kürzlich in Rumänien stationiert hat und angeblich der Verteidigung gegen – gar nicht existierende – iranische Raketen dient. Natürlich ist man sich in Russland und auch sonst überall darüber im Klaren, dass das, was hier als »Raketenabwehr« bezeichnet wird, letztlich eine Erstschlagwaffe ist.

Im besten Fall könnte es der Abschreckung eines Vergeltungsschlags dienen. Dieses System in Rumänien ist für Russland äußerst bedrohlich; wir selbst würden so etwas natürlich nie auch nur in der Nähe unserer Grenzen dulden. Die von der Grenze zu Russland ausgehende Kriegsgefahr ist zum großen Teil Resultat der NATO-Erweiterung nach dem Zusammenbruch der Sowjetunion vor 25 Jahren. Diese Erweiterung sollte zu einem größeren Maß an Reflexion und Diskussion führen, als es der Fall ist. Wir reden hier von der Amtszeit von Bush dem Ersten und seinem Außenminister James Baker und, in Russland, von Michail Gorbatschow.

Rückblickend zeigt sich, dass beide Seiten sehr unterschiedliche Vorstellungen von der Weltordnung hatten, die nach Verschwinden der Sowjetunion entstehen sollte. Gorbatschow forderte die Auflösung aller Militärbündnisse, was ja im Fall des Warschauer Paktes auch geschah. Sie sollten durch ein eurasisches Sicherheitssystem ersetzt werden, das sowohl die ehemalige Sowjetunion als auch Westeuropa einbinden sollte. Das war Gorbatschows Vision, aber Bush und Baker hatten einen anderen Plan: Die NATO sollte expandieren, während die Sowjetunion zusammenbrach. Und genauso kam es dann auch.

Die unmittelbare Frage war jedoch aus offensichtlichen Gründen die künftige Rolle Deutschlands. Gorbatschow stimmte einer Wiedervereinigung Deutschlands und sogar dem Beitritt Deutschlands zum feindlichen Militärbündnis NATO zu, was im Licht der jüngeren Geschichte eine sehr bemerkenswerte Konzession war, hatte doch Deutschland im Lauf der ersten Hälfte des 20. Jahrhunderts Russland gleich zweimal in Schutt und Asche gelegt. Es gab dabei allerdings ein *quid pro quo*, das besagte, dass die NATO nicht »einen Millimeter nach Osten« ausgedehnt würde – und damit war Ostdeutschland gemeint.[10] Bush und Baker stimmten diesem Kompromiss zu, allerdings nur in mündlicher Form.

Es war ein Abkommen unter Ehrenmännern und wurde nicht schriftlich festgehalten. Danach wurde die NATO sofort auf Ostdeutschland ausgedehnt, aber Bush und Baker antworteten auf alle Einwände hiergegen nicht zu Unrecht, dies verletze ja keine schriftliche Zusicherung, sondern nur eine stille Vereinbarung. Inzwischen gibt es eine interessante und umfangreiche wissenschaftliche Literatur zu dieser Frage, die versucht, herauszufinden, was genau in dieser Zeit geschah. Dabei gab es bisher einige wichtige offene Fragen wie etwa die, was genau Bush und Baker sich dabei vorgestellt hatten. Diese Fragen sind vor einigen Monaten in einer Nummer der vom MIT und Harvard herausgegebenen Zeitschrift *International Security* von Joshua Itzkowitz Shifrinson sehr überzeugend beantwortet worden.[11]

Shifrinson betrieb umfangreiche Archivstudien und diese zeigten recht eindeutig, dass Bush und Baker Gorbatschow mit ihren Zusagen bewusst irreführen wollten, um den USA zu ermöglichen, ihre Vorherrschaft nach Osten auszudehnen. Das ist ein wichtiges Forschungsresultat, das nicht in einer wissenschaftlichen Zeitschrift versteckt bleiben sollte. Aber das war erst der erste Schritt. Unter Clinton expandierte die NATO noch weiter nach Osten, und zwar bis direkt an die russische Grenze. 2008 und dann noch einmal als Versuchsballon 2013 unter Obama bot die NATO die Mitgliedschaft sogar der Ukraine an, dem geopolitischen Herzen Russlands, das mit diesem durch weit zurückreichende kulturelle Traditionen verbunden ist. Das war ein äußerst provozierender Schritt.

Dabei hatten der bereits erwähnte George Kennan und andere ehemalige politische Amtsträger von Anfang an gewarnt, die NATO-Erweiterung sei (so Kennan) »ein tragischer Fehler« – ein politischer Irrtum von historischem Ausmaß, dessen Resultate wir jetzt sehen können. Sie trägt zu den wachsenden Spannungen an der Grenze zu Russland bei, der traditionellen Invasionsroute, über die Russland im 20. Jahrhundert allein von Deutschland zweimal weitgehend zerstört wurde. Hier verbirgt sich ein keineswegs geringes Risiko für einen verheerenden Atomkrieg. Der europäische Historiker Richard Sawka schreibt in seinen Überlegungen zu dieser Frage, die heutige Mission der NATO bestehe in der Bewältigung von Gefahren, die durch ihre Existenz überhaupt erst erzeugt werden, und das ist sicher richtig.[12]

Zugleich sind die Aufgaben der NATO weit über ihre traditionelle Mission hinaus erweitert worden und schließen nun auch die militärische Kontrolle über das weltweite Energiesystem mit seinen Pipelines und Seewegen ein und, wie inzwischen bereits häufig zu sehen war, gehört auch ihre inoffizielle Funktion als Interventionsstreitmacht unter US-Kommando dazu. Die Geschichte der NATO wirft ein helles Licht auf die wahre Natur des Kalten Krieges und seiner ideologischen Begründungen. In

Letzteren wurde die NATO natürlich immer als notwendig zur Abschreckung der russischen Horden präsentiert – so haben wir es fünfzig Jahre lang gehört. Dann kam das Jahr 1991, und die russischen Horden waren weg. Was sollte nun mit der NATO geschehen?

Die Antwort auf diese Frage liefert uns sehr interessante Erkenntnisse über die tatsächliche Politik in den Jahren zuvor. Sie bestätigt eine Beobachtung des Harvard-Professors und Regierungsberaters Samuel Huntington, der zehn Jahre zuvor, 1981, gesagt hatte, wir müssten unsere Interventionen und sonstige Militäraktionen »verkaufen, indem wir den falschen Eindruck erwecken, wir bekämpften damit die Sowjetunion. Genau das haben die Vereinigten Staaten seit der Verkündung der Truman-Doktrin [1947] immer getan.«[13] Als sich 1991 mit dem Zusammenbruch der Sowjetunion die Nebel lichteten, kamen weitere Beweise für diesen Schluss zum Vorschein, aber auch sie sind der breiten Öffentlichkeit kaum zugänglich, obwohl die Fakten nicht direkt unter Verschluss sind.

Die damalige Administration unter Bush dem Ersten gab natürlich sofort eine neue nationale Sicherheitsstrategie zur Rechtfertigung ihres Verteidigungsbudgets heraus und das war eine interessante Lektüre. Es hieß dort, das riesige Militärsystem müsse erhalten bleiben, aber nicht zu unserem Schutz vor den Russen, sondern vor dem, was dort als der technologische Fortschritt der Mächte der Dritten Welt bezeichnet wurde. Als wohldisziplinierter Intellektueller bricht man natürlich nicht in Gelächter aus, wenn man so etwas liest.

Zugleich insistierten die Autoren auch auf der Beibehaltung der so genannten »industriellen Verteidigungsbasis«, das heißt des Systems der staatlichen Intervention in die Wirtschaft über Institutionen wie das MIT und andere Forschungsstätten, an denen die Hightech-Wirtschaft der Zukunft entwickelt wird. Interessanterweise sprachen sie auch über den Nahen Osten, über den sie sagten, wir müssten für ihn auch weiterhin Interventionstruppen bereithalten. Außerdem fand sich dort die interessante Formulierung, für unsere größten Probleme im Nahen Osten könnten wir – ganz im Gegensatz zu den jahrzehntelang hierüber verbreiteten Lügen – »nicht den Kreml verantwortlich machen«. Aber das fiel wie üblich praktisch niemandem auf.

Nach dem Fall der Berliner Mauer 1989 warnte Samuel Huntington ganz seiner alten Logik getreu, die Public-Relation-Offensive Gorbatschows könne nun eine ebenso große Bedrohung für die Interessen der USA in Europa darstellen wie seinerzeit Breschnews Panzer – und diese durch die Friedensangebote Gorbatschows ausgelöste Gefahr wurde dann so überwunden, wie ich es gerade beschrieben habe, mit den Folgen, denen wir heute gegenüberstehen.

Die Menschheit ist heute mit den entscheidendsten Fragen ihrer gesamten Geschichte konfrontiert, Fragen, die weder umgangen noch aufgeschoben werden können, wenn es eine Hoffnung auf den Erhalt – oder sogar eine Verbesserung – der organisierten Formen menschlichen Lebens auf der Erde geben soll.

Es wäre illusorisch, zu erwarten, dass staatliche oder private Systeme organisierter Macht angemessene Schritte zur Bekämpfung dieser Krisen unternehmen – zumindest, solange sie nicht durch eine permanente und engagierte Mobilisierung und Aktivität der Bevölkerung dazu gezwungen werden. Wie immer ist dabei Aufklärung eine wichtige Aufgabe. Ich habe vorhin schon einige meines Erachtens wichtige Beispiele erwähnt und es gibt noch viele andere. Es geht dabei um die Schärfung des Bewusstseins und der Aufmerksamkeit der Bevölkerung für das Wesen und das enorme Ausmaß der Probleme, vor denen wir stehen –

Zeitungsausschnitt, der den Vermonter Block auf der Massendemonstration in Manhattan vom 12. Juni 1982 für das Einfrieren von Nuklearwaffen zeigt. Dank an: David McCauley, Direktor des Büros des American Friends Service Committee in Vermont.

und für die Wurzeln dieser Probleme, die auch in dem liegen, was wir selbst tun.

Wie meistens gibt es noch eine weitere Aufgabe, nämlich die direkte politische Konfrontation mit diesen Fragen, die viele Formen annehmen kann. Sie kann sich auf den Erfolg kritischer Aufklärungsarbeit stützen und ihrerseits zu dieser beitragen. Am wichtigsten hierbei ist natürlich unser eigenes Land, zum einen wegen seiner beispiellosen Macht und seines einzigartigen Einflusses, aber auch ganz schlicht darum, weil es unser eigenes ist. In unserem eigenen Land hat das, was wir tun, die größten Einflusschancen. Und ein breiter Aktivismus *hat* große Chance auf Erfolg. Genau das haben wir wieder und wieder gesehen: Inzwischen haben der Aktivismus und das Engagement der letzten vierzig Jahren umweltpolitische Fragen sogar auf die Agenda der politischen Entscheidungsträger gebracht – noch nicht in ausreichendem Maß, aber dennoch in einer Weise, die einen großen Unterschied macht.

Die große Mobilisierung breiter Teile der Bevölkerung gegen die Entwicklung neuer Nuklearwaffen Anfang der 1980er-Jahre war ein wichtiger Faktor, der zur Beendigung der damals entstehenden enormen Bedrohungen beitrug und darüber hinaus den Weg für wichtige, wenn auch unzureichende Schritte zur Reduzierung der gewaltigen Gefahren ebnete, die Programme wie die damaligen zwangsläufig erzeugen. Und es gibt noch viele weitere Belege für die Erfolge, die durch engagierte Bemühungen zur Aufklärung, Organisation und Aktion erreicht werden können. Solche Erfolge basieren sowohl darauf, dass die Öffentlichkeit versteht, was bereits erreicht wurde, als auch darauf, dass sie ein Verständnis dafür entwickelt, welche Art von Aktionen dazu beitragen können, das Erreichte zu erweitern und zu vertiefen.

Es fehlt auch nicht an Beispielen dafür, wie es Massenbewegungen gelingen kann, ihren Einfluss zu vervielfachen, wenn sie Wege finden, sich zusammenzuschließen und ihre unterschiedlichen Ziele untereinander abzustimmen. Wir alle teilen die Ziele Frieden

Teil der Demonstration vom 12. Juni 1982 in Manhattan mit einer Million Teilnehmern. Quelle: WagingNonViolence.org

und Gerechtigkeit. Aber dabei gibt es auch Probleme, die sicher nicht leicht zu überwinden sind. Es gibt wichtige Faktoren, die die entscheidenden Fragen von heute als unwichtig erscheinen lassen und aus der Debatte verdrängen.

Dabei handelt es sich um gravierende kulturelle und soziopolitische Probleme. Wenn wir sie verstehen wollen, müssen wir uns daran erinnern, dass die USA zwar seit einer Zeit, die bis ins 19. Jahrhundert zurückreicht, das reichste Land der Welt sind, aber dass sie kulturell bis zum Zweiten Weltkrieg immer eine Art Krähwinkel waren.

In der Zeit nach dem Krieg hat sich das natürlich dramatisch geändert, aber selbst nach 1945 verharrte ein Großteil der Bevölkerung kulturell in seiner alten, vielfach traditionellen und vormodernen Haltung. Daher ist die für viele andere so ausschlaggebende Frage des Überlebens der Spezies für vierzig Prozent der Bürger der USA nur von nebensächlicher Bedeutung, weil die zweite Wiederkehr des Messias nur eine Frage der Zeit sei und sich dann alles von selbst regeln werde. *Wir sprechen hier von vierzig Prozent der Bevölkerung.*

Etwa zwei Drittel der US-Amerikaner glauben an die Realität des Klimawandels. Der Anteil derer, die glauben, dass dieser durch menschliche Aktivitäten verursacht wird, ist schon weit geringer. Laut Meinungsumfragen sind nur 40 Prozent der Bevölkerung darüber »informiert«, dass die meisten Wissenschaftler davon überzeugt sind, dass die Erderwärmung real ist, und wahrscheinlich wissen noch viel weniger von ihnen, dass es sich dabei nicht um die *meisten* Wissenschaftler, sondern um *einen überwältigenden Konsens* handelt. Leider stellt sich bei einem Blick auf die Umfragen der letzten 10 bis 15 Jahre heraus, dass sich dieses Bild kaum geändert hat. Auch was die wachsende Gefahr eines Atomkriegs, die Gründe dafür und die Folgen eines Einsatzes von Nuklearwaffen betrifft, ist das, was an verlässlichen Meinungsumfragen vorliegt, alles andere als ermutigend.

Gleichzeitig sind die Opfer des neoliberalen Angriffs auf die Bevölkerung seit Jahrzehnten vorwiegend damit beschäftigt, irgendwie über die Runden zu kommen, und daher kaum in der Lage, sich mit grundlegenden Fragen zu beschäftigen, welche die Zukunft ihrer Kinder und Enkel betreffen. Die Aufgaben, die vor uns stehen, sind gewaltig und können nicht aufgeschoben werden.

2 Wie erreichen wir die Menschen?

Shawn: Wunderbar! Du hast über so viele Dinge gesprochen, dass ich nicht weiß, wo ich anfangen soll. Vielleicht beginne ich erst einmal mit einer ganz dummen Frage. Wir können ja davon ausgehen, dass die Zukunft der Erde und der Menschheit für die meisten Menschen hier im Raum ein wichtiges Anliegen ist. Aber wenn wir für den Fortbestand der Menschheit sorgen wollen, müssen wir ja vor allem die Leute, die heute Abend nicht hier sind, davon überzeugen, sich ebenfalls zu engagieren. Aber wie stellen wir das an? Wissen sie vielleicht gar nicht, dass diese Gefahren sehr real sind, oder geht ihnen die Fähigkeit ab, sich allzu sehr um Dinge zu kümmern, die nicht konkret greifbar sind?

Noam: Nehmen wir doch einmal die Beispiele, über die ich gesprochen habe, und fragen wir *uns selbst*, nicht die »ungebildeten Massen« da draußen. Es gab ja jahrelang eine große Panikmache im Hinblick auf den Iran und die angebliche Bedrohung durch dessen Nuklearwaffen, aber hier gibt es ja eine sehr einfache Lösung, nämlich die Schaffung einer atomwaffenfreien Zone im Nahen Osten. Oder? Eine überprüfbare atomwaffenfreie Zone, so wie es sie in anderen Regionen gibt.

Würde es schwer sein, den Iran zu überzeugen, dem zuzustimmen? Nein. Schließlich steht der Iran selbst seit langem an der Spitze der Bemühungen um diese Zone. Wäre es ein Problem, die arabischen Staaten in der Region davon zu überzeugen? Nein, weil sie ohnehin schon seit zwanzig Jahren engagiert dafür eintreten. Sie haben sogar gesagt, ohne ein Abkommen zu einer solchen Zone würden sie aus dem Atomwaffensperrvertrag austreten und ihn damit zunichtemachen. Und wie ich vorhin schon sagte, haben die USA und Großbritannien aufgrund des Wortlauts der UN-Resolution von 1991, auf die sie sich 2002 und 2003 bei ihrer Suche nach einem Vorwand für die Invasion des Iraks beriefen, eine ganz besondere Verpflichtung, sich hierfür einzusetzen.

Wie viele Leute haben davon schon einmal etwas gehört? Wie viele Leute wissen, dass die Atomkrise um den Iran, woraus auch immer sie bestanden haben soll, sehr leicht zu lösen gewesen wäre – ohne Kriegsdrohungen, ohne Verhandlungen, ohne Sanktionen, sondern ganz einfach durch die Einigung auf die Schaffung einer atomwaffenfreien Zone in der Region? Auch das geschieht natürlich nicht einfach von selbst, aber es ist klar, wie man vorgehen muss, denn anderswo ist das ja schließlich auch schon erreicht worden. Aber es hat niemand davon gehört, und so kann es auch kein Engagement dafür geben. Wenn die Leute davon gewusst und sich dann dafür eingesetzt hätten, wäre es ihnen vielleicht gelungen, US-Präsident Obama zu zwingen, den Widerstand seines Landes gegen ein solches Abkommen, mit dem es regelmäßig blockiert wird, aufzugeben.

Als Leser von Zeitschriften über Rüstungskontrolle weiß man solche Dinge und man weiß dann auch das Offensichtliche, nämlich dass die USA eine solche Zone blockieren und damit sogar den Atomwaffensperrvertrag aufs Spiel setzen, nur weil sie eine Inspektion von Israels Atomwaffen verhindern wollen. Ist das interessant? Würden sich die Leute für so etwas engagieren, wenn sie wüssten, dass ihr Leben davon abhängt? Ich denke schon. Nehmen wir die vorhin erwähnten Diskussionen in den Vereinten Nationen, die jetzt, 2016, erstmals über eine von wichtigen Staaten – Brasilien, Österreich und andere – unterstützte Resolution beraten, die wahrscheinlich von mindestes 120 Staaten unterstützt werden wird und einen Vertrag anstrebt, der diese grauenvollen Waffen verbietet und ihre Abschaffung fordert.

Natürlich werden die USA dem nicht zustimmen, solange es keinen Druck der Bevölkerung dafür gibt, aber es kann keinen solchen Druck geben, wenn diese von alledem überhaupt nichts weiß. Und es ist in jedem einzelnen Fall dasselbe. Egal, ob es sich um die Zukunft der NATO, den Zweck der NATO, die Rechtfertigung für ihre Expansion, den Grund für die Ablehnung von Gorbatschows Vision einer friedlichen, auf Zusammenarbeit beruhenden eurasischen Sicherheitszone ohne Militärblöcke handelt – in keinem dieser Bereiche können die Menschen sich engagieren, wenn sie nicht einmal die Fakten kennen.

Nehmen wir das im vorigen Kapitel erwähnte Gespräch Hillary Clintons mit einer Reihe von Spendern, zu dem sich WikiLeaks Zugang verschaffte und das dann in der *New York Times* veröffentlicht wurde. Clinton vertrat dabei einige sehr vernünftige Positionen, weil sie sich wie jeder Politiker an ihr Publikum anpasste, das in diesem Fall aus Leuten bestand, die zwar mächtig, aber zugleich auch gegen Atomwaffen waren. Und so sagte sie: »Wir sollten über dieses Billionenprogramm Obamas zur Modernisierung der Atomwaffen noch einmal nachdenken und die gefährlichsten Teile davon fallenlassen.« Das bezieht sich auf *kleine* – ja, sie werden wirklich als »klein« bezeichnet –

Nuklearwaffen und die größeren Varianten wie Marschflugkörper mit Atomsprengköpfen, deren Sprengkraft man gefährlicherweise für den tatsächlichen Einsatz auf dem Schlachtfeld verringern kann. Das würde dazu führen, dass ein Feldoffizier, dessen Truppen in Gefahr sind, den Einsatz taktischer Atomwaffen beschließen könnte, was wiederum sehr schnell zu einem tödlichen weltweiten Nuklearkrieg führen könnte. In diesem Gespräch behauptete Clinton, sie sei gegen solche Waffen und für eine Prüfung des Modernisierungsprogramms. Vor ihrem nächsten Publikum würde sie das vermutlich nicht gern wiederholen, aber vielleicht müsste sie es, wenn Leute sich organisieren und mobilisieren, um sie darauf festzunageln, etwa unter dem Motto: »Gut, da hatten Sie völlig recht, aber jetzt bleiben Sie auch dabei!« So etwas ist möglich, aber nur, wenn viele Menschen die Fakten kennen und außerdem bereit sind, aktiv zu werden und sich zu engagieren – ansonsten werden Gelegenheiten wie diese wie so viele andere ungenutzt verpuffen.

Shawn: Wenn du von Aktivismus redest, erwähnst du als Erstes die Verbreitung von Bewusstsein. Aber was ist der Grund dafür, dass die Mainstreammedien, die *New York Times* und all die anderen, darüber so wenig auf eine Art berichten, die es Aktivisten ermöglicht, eine größere Zahl von Menschen zu erreichen? Unter diesen Bedingungen wirken dann alle Aktivisten wie Idioten, weil sie von Dingen reden, von denen noch nie jemand etwas gehört hat.

Noam: Dafür gibt es eine Menge Gründe; es muss nicht unbedingt böser Wille sein. Wer immer hier im Publikum eine journalistische Ausbildung absolviert hat, wird wissen, dass dort ein Begriff gelehrt wird und größte Hochachtung genießt, nämlich der der »Objektivität«. »Objektivität« hat eine klar definierte Bedeutung, nämlich die einer korrekten und fairen Berichterstattung über das, was *innerhalb* des Dunstkreises von Washington, Weißem Haus und Kongress vor sich geht. Man berichtet objektiv und fair darüber. Wenn also Donald Trump um drei Uhr morgens irgendeine Obszönität getwittert hat, wird das zur Titelgeschichte der *New York Times* und wenn Hillary Clinton sagt, was immer sie gesagt hat, ist eben das die große Story.

Aber sobald ein Thema nicht Diskussionsthema der kleinen Schicht des politischen und wirtschaftlichen Establishments ist, darf man nicht darüber berichten, denn das wäre parteiisch oder emotional – es gibt viele Ausdrücke dafür, aber es würde jedenfalls heißen, dass man nicht objektiv sei. Das ist ein Credo des Journalismus. Falls Sie jetzt gedacht haben, in der akademischen Welt sei das anders, liegen Sie nicht ganz falsch. Es ist ein *bisschen* anders. Nehmen wir den erwähnten Artikel in *International Security*, der wirklich sehr wichtig ist, und werfen wir einen Blick auf seine Archivforschung: Das ist alles ziemlich trocken, aber dennoch wird daraus klar, dass George Bush der Erste, der »vernünftige« Bush, und James Baker Gorbatschow bewusst getäuscht haben, als sie ihm weismachten, die NATO werde nicht auf Ostdeutschland erweitert werden. Mit ihrem ganzen Vorgehen täuschten sie Gorbatschow absichtlich, damit wir dann, statt die Vision einer Welt ohne Militärblöcke zu akzeptieren und die NATO aufzulösen, diese kurz danach bis an die russische Grenze ausdehnen konnten, mit genau den Konsequenzen, die wir jetzt sehen. Die Fakten sind also zugänglich, aber nur in einer Form, in der sie selbst von der akademischen Welt kaum zur Kenntnis genommen wird. Da sieht sich vielleicht jemand den Artikel an, sagt: »Oh ja, interessant«, und geht dann zum nächsten Artikel über. Es kommt aber darauf an, die Fakten von echter Bedeutung zu finden und diese dann in der Öffentlichkeit zu verbreiten. Da die USA ein sehr freies Land sind, sind die Fakten nicht unter Verschluss, sondern durchaus zugänglich. Wir können eine Menge Dinge herausfinden, aber sie werden uns nicht auf dem Silbertablett präsentiert. Genau darum geht es bei erfolgreichem Aktivismus.

Shawn: Glaubst du, wir sollten auch mit Leuten reden, die vollkommen anderer Meinung sind, oder meinst du, man sollte sich besser an Leute wenden, deren Meinung zwar von der eigenen abweicht, die aber wenigstens bereit sind, einem zuzuhören?

Noam: Ich glaube nicht, dass viele Leute der Meinung sind, man sollte nicht versuchen, die Welt in einer Form zu erhalten, in der auch ihre Enkel überleben können. Ich schätze, darüber sind sich alle einig, und das heißt, dass man auch mit praktisch allen Menschen reden sollte, jedenfalls allen, die halbwegs bei Sinnen sind. Wenn Menschen über wichtige Dinge nicht Bescheid wissen, bringt sie das oft zu sehr irrationalen Entscheidungen – rational in ihrer eigenen Interpretation, nur dass in dieser Interpretation einige entscheidende Fakten fehlen. Es ist vermutlich nicht möglich, *jedes* Publikum zu erreichen, und so glaube ich zum Beispiel nicht, dass der Harvard Faculty Club mir zuhören würde, aber ansonsten sind die *meisten* Leute schon erreichbar.

Das liegt daran, dass sie gemeinsame Interessen haben, ganz schlichte gemeinsame Interessen wie die simple Tatsache, dass die heutige Generation jetzt, nach etwa 200 000 Jahren Menschheitsgeschichte, entscheiden muss, ob diese Geschichte eine Zukunft haben soll. Es geht hier um etwas ziemlich Einfaches, für das viele, ja sogar überwältigende Beweise vorliegen. Wenn man die Leute dazu bringt, darüber nachzudenken, werden sie auch sehen, dass es wichtig ist.

Die – vor 2019 – größte Mobilisierung gegen den Klimawandel hatte 310 000 Teilnehmer: Am 21. September 2014 beteiligten sich Demonstranten aller Altersklassen am »People's Climate March« in New York. © South Bend Voice

Shawn: Wie denkst du über zivilen Ungehorsam, Aktionen, bei denen man sich zum Beispiel irgendwo ankettet und dann vielleicht dafür eingesperrt wird? Ist das ein Weg?

Noam: Ich habe mich selbst sehr häufig an solchen Aktionen beteiligt, war etliche Male im Gefängnis und musste zeitweise mit einer langen Haftstrafe rechnen. Ich bin der Meinung, dass ziviler Ungehorsam eine legitime Taktik ist, aber die Art und Weise, wie er durchgeführt wird, ist meiner Ansicht nach oft nicht legitim. Er wird oft als eine Art von Zurschaustellung der eigenen Rechtschaffenheit praktiziert: Ich nehme dieses Risiko auf mich, weil mein Gewissen, mein Verhältnis zu Gott oder was auch immer mir das befehlen, und auf die Folgen meiner Aktion kommt es nicht an. Ich finde diese Art des Vorgehens nicht richtig.

Ziviler Ungehorsam ist sinnvoll, wenn er andere zur Anerkennung der Tatsache bringt, dass es Dinge gibt, die so wichtig sind, dass manche Leute ihretwegen zu allen möglichen Risiken bereit sind, und wenn er sie dazu bringt, darüber nachzudenken und dann vielleicht selbst etwas zu tun. Wenn der Boden für ihn bereitet ist, kann ziviler Ungehorsam ein effektives Mittel sein. Wenn er aber nicht vorbereitet wird, ist das nicht der Fall, und dann ist ziviler Ungehorsam schädlich. Ich muss leider sagen, dass das auch für Aktionen von Leuten gilt, die ich sehr schätze und bewundere und mit denen ich gut befreundet bin. Nehmen wir eine Aktion, bei der Friedensaktivisten ohne öffentliche Vorbereitung in einen U-Boot-Stützpunkt eindringen und die Spitzen von irgendwelchen Raketen zertrümmern. Damit bringen sie nur die Arbeiter gegen sich auf: »Warum wollt ihr uns den Job wegnehmen?« Oder andere Leute sagen, »Warum fallt ihr uns zur Last und stört unser gewohntes Leben?« Aber wieso macht man dann solche Aktionen? Nur, weil man sich dann besser fühlt? Das ist nicht die richtige Art von zivilem Ungehorsam. Diese Frage hat sich schon oft gestellt und jeder, der sich im Lauf der Zeit an der ein oder anderen Form von Aktivismus beteiligt hat, weiß sehr gut, dass dieses Thema immer wieder auftaucht und daher sehr wichtig ist. So erinnere ich mich an Diskussionen mit den Vietnamesen zur Hochzeit des Vietnamkrieges, bei denen sie uns erklärten, welche Art von Aktionen in den USA sie für nützlich hielten. Und sie gaben uns Beispiele, über die sie sich alle einig waren, wie etwa das einer Gruppe von Frauen, die sich schweigend um die Gräber von US-Soldaten versammelte.

Wenn man das dann den Aktivisten bei uns in den USA erzählte, lachten sie nur darüber. Viele junge Leute wollten einfach nur losmarschieren und Scheiben einschlagen, um zu zeigen, wie sehr wir gegen den Krieg sind. Aber leider führen solche Aktionen zu einer stärkeren Unterstützung für den Krieg. Die Vietnamesen interessierten sich für das Überleben ihres Landes; ob man sich bei den entsprechenden Aktionen gut fühlte, war für sie nicht wichtig. Das sind Fragen, die wir uns permanent und *immer* stellen müssen. Wir müssen uns nach den wahrscheinlichen Folgen unserer Aktionen fragen. Ob sie uns ein gutes Gefühl geben, ist irrelevant, und oft ist die Korrelation negativ.

Shawn: Viele von denen, die über die Folgen eines Atomkrieges und des Klimawandels Bescheid wissen, gehören zur Bildungsschicht, die von vielen gehasst wird. Hier besteht ein Klassenunterschied, der dazu führt, dass Trump-Unterstützer sich über Ideen wie Erderwärmung und Klimawandel lustig machen und eine automatische Antihaltung gegenüber allen haben, die gebildet und vielleicht auch wirtschaftlich besser dran sind. Wie kommen wir an die heran?

Noam: Das ist eine sehr wichtige Frage und ein sehr interessantes Phänomen, das viel Verständnis und Einfühlung erfordert. Wie ich bereits sagte, sind 40 Prozent der Bevölkerung der Meinung, dass all das wegen der bevorstehenden Wiederkehr des Messias gar kein Problem sein könne. Das ist ein tiefsitzendes kulturelles Problem der USA, und Leute, die eine Ahnung von der Geschichte des Landes haben, sollten versuchen, es zu verstehen – *wir alle* sollten das.

Wir müssen uns einfach darüber klar sein, dass dieses Land bis zum Zweiten Weltkrieg kulturell sehr rückständig war. Wer vor dem Krieg Physik studieren wollte, ging nach Deutschland. Wenn man Schriftsteller oder Künstler werden wollte, ging man nach Paris. Es gab natürlich Ausnahmen, aber das war die typische Situation, obwohl die USA schon damals seit Langem das reichste und mächtigste Land der Welt waren. Dafür gibt es alle möglichen historischen Gründe; das Land ist in vielerlei Hinsicht insular. Es gibt nicht viele Länder, die man über 3 000 Meilen durchreisen kann und in denen man doch irgendwie immer noch am selben Ort ist und nie wirklich auf eine andere Kultur oder Sprache oder Ähnliches stößt. Wir sind von zwei Ozeanen geschützt und halten so die »Bösen« draußen und wir besitzen enorme Ressourcen wie niemand sonst. Es gab etliche Wellen von Einwanderern, die aber integriert wurden, und so gibt es sicher verschiedene Gründe für diesen insularen Charakter, den man aber dennoch nicht ignorieren kann. Wir dürfen ihn nicht ignorieren und es hilft auch nichts, die Leute zu Atheisten machen zu wollen. Das sind Dinge, für die wir ein Verständnis entwickeln müssen, und wir müssen begreifen, dass etwa die Kirchen für viele Leute, darunter viele der Unterstützer Trumps, wirklich etwas bedeuten.

Das sind Menschen, die man ins Abseits gedrängt hat und für die niemand etwas tut. Die Demokraten haben sich schon vor Jahrzehnten von der Arbeiterklasse verabschiedet. Die Republikaner posieren zwar als Freunde des Volkes, aber ihre Politik ist sogar noch viel stärker gegen die arbeitenden Menschen gerichtet als die der Demokraten. Die Arbeiter, die Trump unterstützen (in den USA muss man natürlich von Angehörigen der Mittelklasse sprechen, weil »Arbeiterklasse« hier ein schmutziges Wort ist), unterstützen in Wirklichkeit eine Politik, die für sie selbst verheerend ist. Dazu muss man nur einen Blick auf Trumps Wirtschaftspolitik, seine Steuerpolitik und alles andere werfen. Aber es stimmt, dass man sie ins Abseits drängt und ihre Werte attackiert. Sie haben kulturelle Werte, die aus westlicher Perspektive in vielerlei Hinsicht traditionell und vormodern sind, aber diese Werte werden angegriffen. Einer der wenigen Zufluchtsorte, die sie noch haben, sind die Kirchen. Wir sprechen hier von der Kirche in traditionellen Gemeinschaften, also sollten wir darüber nicht einfach lachen, sondern es ernst nehmen. Wie müssen uns damit auseinandersetzen.

Kürzlich erschien ein sehr interessantes Buch von Arlie Hochschild, einer Soziologin, die eine extrem arme Gegend in Louisiana zog und dort sechs Jahre lang gelebt und die Menschen mit einem einfühlsamen Blick studiert hat.[1] Das ist mitten in »Trump-Land«, und ihre Forschungsergebnisse sind wirklich interessant. So schreibt sie, dass dies Leute sind, deren Leben durch die ganze Umweltverschmutzung durch die petrochemische Industrie zerstört wird, die aber trotzdem militante Gegner der nationalen Umweltschutzbehörde sind. Wenn man sie fragt, warum, haben sie durchaus Gründe dafür. Sie sagen, »Was ist denn diese Umweltschutzbehörde? Da kommt irgendein Typ aus der Stadt mit Doktortitel und will mir verbieten zu fischen, aber die Industrie kann machen, was sie will. Was soll das bringen? Ich will nicht, dass die mir den Job wegnehmen und mir erzählen, was ich tun darf, und gebildet auf mich einquasseln, während ich mich mit all diesen Problemen herumschlagen muss.«

Das sind ernstzunehmende Reaktionen. Wir sollten sie respektieren, statt uns über sie lustig zu machen, und ich denke, dass wir uns damit auseinandersetzen können. Denken wir einmal zurück an die 1930er-Jahre. Ich bin alt genug, um mich an diese Zeit zu erinnern; sie war in vieler Hinsicht nicht viel anders heute, aber es herrschte eine viel größere Armut. Die Wirtschaftskrise war viel schlimmer als die jetzige Rezession.

Das ganze Land war wesentlich ärmer als heute, aber es gab sehr viel Hoffnung. In meiner eigenen Familie gehörten viele zur Arbeiterklasse, die wie ein Großteil der Bevölkerung arbeitslos wurden, aber sie hofften auf eine bessere Zukunft.

Sie waren überzeugt davon, dass die Zukunft besser sein würde. Es gab Aktionen der Gewerkschaften, die Organisationstätigkeit des radikalen Gewerkschaftsflügels CIO, es gab linke politische Parteien und die praktischen Dienstleistungen der Gewerkschaften: ein paar Wochen Landurlaub, Diskussionsgruppen, Arbeiterbildung, Treffpunkte, wo Menschen zusammenkommen konnten – irgendwie kommen wir raus aus dem Dreck! Das fehlt heute. Unsere heutige Gesellschaft ist extrem atomisiert. Dort sind die Menschen allein: So wie früher mit dem Fernseher sind sie es jetzt mit ihren Handys oder Smartphones. Sie sind extrem atomisiert und isoliert, und dadurch fühlen sie sich sehr verwundbar.

Das ist genau das, was durch Organisation und Aktivismus überwunden werden kann. Ich selbst habe den starken Verdacht, dass aus den Unterstützern Trumps und den Unterstützern von Bernie Sanders eine Art einheitlicher Block hätte entstehen können. Der richtige Umgang mit dem erwähnten Problem erfordert genau die Art von Mühe, Einfühlungsvermögen und Verständnis, die Hochschild in ihrem mitfühlenden Bericht aufgebracht hat, in dem sie darlegte, wer diese Leute sind und was sie antreibt. Es ist leicht und billig, wie der *New Yorker* eine Karikatur zu Trump zu bringen, um zu zeigen, wie lächerlich das ist, aber das ist uninteressant. Es mag lächerlich wirken, aber es gibt Gründe dafür, dass Trump so viele Leute erreicht, und *wir sollten uns für diese Gründe interessieren*.

In Wirklichkeit ist es, um kurz eine andere Frage zu streifen, mit jungen Muslimen im Westen, die sich jihadistischen Bewegungen anschließen, letztlich dasselbe. Es reicht nicht, sich lautstark von ihnen zu distanzieren; es gibt Gründe für das, was sie tun. Wenn man sich die Umstände ansieht, in denen sie leben, kann man diese erkennen und dann auch etwas daran ändern.

Shawn: Echter Aktivismus würde damit beginnen, Mitgefühl zu zeigen und sich vielleicht selbst einmal in diese uns unbekannten Gebiete unseres eigenen Landes, in denen Hochschild gelebt hat, zu begeben. Sind unsere Aktivitäten hier in Boston und New York weniger wichtig als das, was wir tun könnten, wenn wir einmal für längere Zeit nach Louisiana fahren würden?

Noam: Ich glaube nicht, dass wir weit gehen müssen, um diese Dinge zu finden. Vor ein paar Jahren wurde ich einmal eingeladen, an einer Schule namens English High School zu sprechen. Sie heißt so, weil es dort praktisch keine englischen Muttersprachler gibt, sondern ganz unterschiedliche Gruppen von Einwandererkindern, die etwa ein Dutzend verschiedene Sprachen sprechen. Dort sind lokale Aktivisten tätig, die mir von ihrer Arbeit an dieser Schule erzählt haben – das ist wichtig und interessant, und es ist hier in Boston! Aber wenn Leute denken, dass sowieso alles hoffnungslos ist, können wir natürlich nichts tun. Wie können wir uns gegen die Mächtigen wehren? Einige der Dinge, die ich in den Gesprächen mit diesen Aktivisten erfahren habe, waren für mich sehr lehrreich, und ich glaube, das könnten sie für uns alle sein. So kann man zum Beispiel eine Gruppe von Müttern zusammentrommeln, die eine Ampel an der Straße wollen, über die ihre Kinder gehen müssen, um zur Schule zu kommen. Sie drucken Flugblätter, sprechen miteinander, wenden sich an ihre Stadtverordneten und was sonst noch. Schließlich bekommen sie die Ampel und haben damit etwas erreicht. Beispiele wie diese beweisen, dass wir etwas tun können: Wir sind nicht allein. Und wir können natürlich noch weitere Dinge tun, und darauf bauen wir dann auf; so kann sich eine Bewegung entwickeln. Ja, es gibt Louisiana, aber wir müssen nicht erst nach Louisiana gehen, es gibt auch hier in unseren angeblich so »gebildeten« Gemeinden genug zu tun. Die Ahnungslosigkeit gerade unter den »Gebildeten« ist erschreckend. Was den größten Teil dessen, worüber ich heute Abend gesprochen habe, betrifft, bezweifle ich, dass auch nur ein winziger Teil der hochgebildeten Akademiker in Boston und New York je davon gehört hat. Und das *genau hier*, wo wir selbst leben.

3 Fragen der Strategie

Ray: Mein Name ist Ray Matsumiya und ich komme aus Hiroshima. Mein Großvater war ein Opfer der Atombombe, und das hat für mich eine große persönliche Bedeutung. Ich bin Direktor einer Organisation, die Lehrkräfte aus der ganzen Welt nach Hiroshima bringt, damit sie die Auswirkungen der Atombombe begreifen. Der Gedanke dabei ist, dass wir, indem wir unter jungen Menschen das Bewusstsein hierüber verbreiten, sie dazu bringen können, selbst zu Aktivisten zu werden. Vielleicht gelingt es ihnen, den Wahnsinn der Nuklearwaffen zu stoppen. Meine Frage an Sie ist, auf welche Länder wir uns konzentrieren und welche Prioritäten wir setzen sollten. Was das betrifft, gibt es zwei große Strömungen: Die eine meint, es sei sehr wichtig, die Bevölkerung in Ländern zu aktivieren, die schon über Nuklearwaffen verfügen, wie zum Beispiel in den USA, wo es auf die Mobilisierung von Basisbewegungen ankomme, die die Frage stellen, warum der Staat Billionen von Dollar für die Modernisierung von Nuklearwaffen ausgibt, und die dann versuchen, den Staat genau daran zu hindern. Der anderen Strömung zufolge sollten wir uns auf Länder konzentrieren, die keine Nuklearwaffen besitzen. Ein Beispiel ist die Resolution, über die gerade im Augenblick in den Vereinten Nationen diskutiert wird und die von 120 Ländern unterstützt wird, welche selbst keine Atomwaffen haben, aber wissen, dass ihre Zukunft davon abhängt, dass diese nicht eingesetzt werden: Schon ein begrenzter nuklearer Schlagabtausch würde gravierende Folgen für die ganze Welt haben, und das ist der Gedanke, der diese Strömung motiviert. Meine Frage ist also: Ist unsere Mobilisierung in Ländern mit oder in Ländern ohne Atomwaffen wichtiger?

Noam: Ich glaube nicht, dass hier eine Frage von Entweder-Oder vorliegt, sondern dass beides notwendig ist. Es gibt ja zwei Kategorien von Ländern mit Atomwaffen: Die eine besteht aus den Unterzeichnern des Atomwaffensperrvertrags. Das sind die offiziellen Mitglieder des Clubs der Besitzer von Nuklearwaffen – die USA, Russland, China, Frankreich und England. Sie haben den Vertrag unterzeichnet und sind durch dessen Artikel 6 dazu verpflichtet, sich aufrichtig um die Beseitigung dieser Waffen zu bemühen, und sollten dies also auch tatsächlich tun.

Und das kann auf viele Arten geschehen. Wie ich in meinem Vortrag gesagt habe, ist das keine utopische Hoffnung. Mittlerweile verlangen viele wichtige, geachtete Figuren genau das und wir können uns ihnen anschließen. Man kann zunächst einmal Schritte bezüglich dieses Ziels unternehmen; es muss nicht alles auf einmal passieren und die Schritte müssen gegenseitiger Art sein – Abrüstung ist eine internationale Aktivität. Alles, wovon wir hier sprechen, muss internationalen Charakter haben; genau darum heißt die Veranstaltung ja »Internationalismus oder Untergang«. Wir können es schaffen, und es hat ja schon nach Ende des Kalten Kriegs und sogar schon davor gewisse Erfolge bei der Verringerung der Anzahl der Nuklearwaffen gegeben.

Deren Zahl übersteigt immer noch alles, was irgendeiner rationalen Form von Abschreckung dienen könnte, und daher muss sie dringend weiter reduziert werden, besonders die der gefährlichsten unter ihnen. So sollten die USA etwas im Hinblick auf die sogenannte »Triade« von land-, see- und luftgestützten Raketen tun. Über die landgestützten Raketen sagen strategische Analytiker, dass sie sowohl nutzlos als auch gefährlich seien. Sie seien nutzlos, weil sie zu lang brauchen, um ihr Ziel zu erreichen, und weil man sie nicht schützen kann. Sie sind gefährlich, weil sie selbst *Ziele* darstellen. Sie haben also überhaupt keinen Wert. Die seegestützten Raketen reichen ja allein schon völlig aus, um die Welt millionenfach zu vernichten. Und Experten, die sich mit den landgestützten Minuteman-Raketen beschäftigt haben, sagen, dass die Soldaten auf den entsprechenden Stützpunkten genau wissen, dass sie nichts bringen und absolut sinnlos sind. Also kümmern sie sich gar nicht um sie oder um ihre Bewachung. Sie verlassen den Stützpunkt und machen etwas ganz anderes. Diese Raketen sind also zugleich nutzlos und unglaublich gefährlich. Weil dem so ist, kann man sie auch abschaffen, und das könnte einen Anreiz für die Russen bilden, dasselbe zu tun.

Ferner könnten weitere atomwaffenfreie Zonen geschaffen werden und ich denke, das wäre auch im Nahen Osten möglich, wenn die USA es nicht verhindern würden. Und die USA können das tun, weil keiner etwas von diesen Initiativen weiß. Und wir können uns noch viele weitere Schritte denken. Von den Staaten, die den Atomwaffensperrvertrag nicht unterzeichnet haben, besitzen drei, nämlich Pakistan, Indien und Israel, Nuklearwaffen, und wir sollten dafür eintreten, dass sie ihre Nuklearwaffen verschrotten oder zumindest dem Atomwaffensperrvertrag beitreten. Leider haben die USA die Atomwaffenprogramme dieser Länder die ganze Zeit unterstützt.

Und dafür sind wir verantwortlich, das ist unsere Schuld. Wir lassen es zu, aber das müssen wir nicht. Die anderen Staaten fordern völlig zu Recht die Abschaffung dieser Waffen. Genau darum haben ja einige wichtige Staaten gerade die von Ihnen erwähnte Resolution in die UN eingebracht. Sie könnte am Ende von weit über hundert Staaten unterstützt werden. Sie fordert das sofortige Verbot von Atomwaffen, und das sollte unterstützt und nicht totgeschwiegen werden. Technisch gesehen ist diese Initiative nicht geheim. Man kann etwas über sie erfahren, indem man sich die Dokumente der UN ansieht, aber sie bleibt trotzdem letztlich eine Art Geheimnis, das gleichwohl gelüftet und öffentlich gemacht werden kann.

All diese Schritte sind möglich und sollten parallel verfolgt werden. Dabei haben Menschen natürlich verschiedene Ziele, Kontakte und Interessen und kein Einzelner kann alles zugleich tun, aber jeder kann sich aussuchen, was für ihn wichtig ist, und dem dann nachgehen.

Emily: Ich arbeite in der Gruppe 350 Mass. Da ich mich stark im Bereich Klimawandel engagiere, denke ich viel darüber nach, wie man der Gefahr der Verzweiflung begegnen kann. Das Bild, das Sie heute Abend gezeichnet haben, ist ja ziemlich düster, und das offenbar zu Recht. Aber ich würde sehr gerne von Ihnen hören, wie wir uns angesichts dieses Bildes unsere Hoffnung und unser Engagement bewahren können. Sehen Sie historische Parallelen, auf die wir uns bei der Auseinandersetzung mit diesen beispiellosen Gefahren stützen können?

Noam: Ich finde diese Frage sogar ziemlich leicht zu beantworten: Man muss ja nur an die Alternative denken. Gehen wir einmal davon aus, wir lassen den Mut sinken und lassen die Dinge einfach so laufen – wie würde die Welt dann bald aussehen? Es würde überhaupt kein menschliches Leben in organisierter

Form mehr geben und die meisten anderen Arten würden vernichtet. Ist das die Art Welt, die wir wollen?

Jason: Ich bin Jason Pramas vom Boston Institute for Nonprofit Journalism. Professor Chomsky, es ist ja klar, dass der Druck für ein Verbot von Atomwaffen hauptsächlich auf nationaler und internationaler Ebene ausgeübt werden muss. Aber würden Sie es auch für nützlich halten, wenn Städte, Bundesstaaten und Regionen in den USA atomwaffenfreie Zonen organisieren, in denen außerdem auch die Erforschung und Entwicklung von Atomwaffen an Universitäten wie dem MIT und Forschungslaboren wie dem Draper Lab verboten werden?

Noam: Ja, ich denke, das ist durchaus vergleichbar mit den bereits erwähnten atomwaffenfreien Zonen; das kann auch auf lokaler Ebene geschehen. Das Verbot der Forschung an Nuklearwaffen ist äußerst wichtig. Das MIT hat hier, nebenbei bemerkt, seine ganz eigene Geschichte. Das Thema wurde im Lauf des intensiven Aktivismus Ende der 1960er-Jahre zu Recht von studentischen Aktivisten aufgebracht und das Ergebnis war wirklich interessant. Es gab darüber ständige und immer heftigere Auseinandersetzungen, die schließlich zu dem üblichen Resultat, nämlich einer aus Fakultätsmitgliedern und Studenten bestehenden Kommission, führten. Ich war selbst ebenfalls Mitglied dieser Kommission.

Sie untersuchte, ob es militärische Forschungsarbeit auf dem Campus gab. Wie sich herausstellte, gab es zwar keine Forschung an Nuklearwaffen, aber es gab Militärforschung. Das Ganze war eine ernste Sache, weil das MIT zu etwa 90 Prozent vom Pentagon finanziert wurde. Das warf die naheliegende Frage auf und die Antworten waren interessant. An der Universität selbst gab es keine geheime Forschung dieser Art. Außerhalb des Campus gab es zwei Labore, Lincoln Labs und Draper Labs. Sie bekamen etwa 50 Prozent des Gesamtbudgets und sie betrieben außerhalb des Campus militärische Forschungsarbeit.

Aber »außerhalb des Campus« ist nur eine formale Beschreibung – nichts hindert Leute, Seminare auf der anderen Seite der Straße zu besuchen, aber technisch gesehen waren das separate Institutionen. Andererseits wurde die einzige Form von Militärforschung auf dem Campus selbst dann gar nicht untersucht, weil sie nicht an der naturwissenschaftlichen Fakultät, sondern am Seminar für *politische Wissenschaft* stattfand. Dabei handelte es sich in Wirklichkeit um Forschung zur Aufstandsbekämpfung in Vietnam. Natürlich nannten sie es nicht so, sondern sie nannten es »Institut für Friedensforschung«, was auch sonst. Dort wurden Studien zur Aufstandsbekämpfung in Vietnam betrieben, aber sonst gab es am MIT selbst nichts.

In der Kommission wurde dann darüber debattiert, wie man damit umgehen sollte. Dabei entstanden spontan drei Fraktionen, nämlich die Konservativen, die Liberalen und die Radikalen. Die Konservativen wollten einfach alles so lassen, wie es war. Die Liberalen dagegen sagten: »Lasst uns einen Schnitt machen, die Militärforschung soll vom Campus verschwinden.« Die wenigen Radikalen dagegen waren hier mit den Konservativen einer Meinung: »Die Militärforschung sollte auf dem Campus bleiben, damit sie beständigen Anlass zu Aktivismus und Aufklärung gibt, und sollte nicht rein formal anderswohin ausgelagert werden, wo man so tun kann, als gäbe es sie gar nicht.« Aber die Liberalen setzten sich durch und so findet diese Forschung bis heute formell tatsächlich außerhalb des Campus statt.

Ähnliche Fragen können sich auch anderswo stellen. Und es gab noch weitere Fragen. Nehmen wir die iranischen Nuklearwaffen; das ist eine sehr interessante Geschichte. In den 1970er-Jahren war der Iran ein Verbündeter, ja sogar der Hauptverbündete der USA im Nahen Osten; er war, wie es damals hieß, der »Wächter des Golfs«. Damals übten Rumsfeld, Cheney und Kissinger enormen Druck besonders auf das MIT aus, iranische Atomwissenschaftler zum Studium von Nukleartechnologie einzuladen. Wir wussten damals noch nicht, was wir hätten wissen sollen und heute wissen, nämlich dass die iranische Regierung unter dem Schah ganz offen ihre Absicht erklärt hatte, Nuklearwaffen zu entwickeln.

Es ist sehr unwahrscheinlich, dass Kissinger und die andern das auch nicht wussten, aber die Öffentlichkeit tappte im Dunkeln. Dennoch löste der Plan auf dem Campus einen Aufruhr aus, und was folgte, war sehr bemerkenswert. Die Studenten mobilisierten zu der Frage und schließlich hielten sie ein Votum ab, bei dem, glaube ich, an die 80 Prozent gegen das Vorhaben stimmten. Das Ganze wirbelte schließlich so viel Staub auf, dass es eine riesige Fakultätsversammlung gab – normalerweise gehen die Leute dort nicht hin, weil es zu langweilig ist, aber wenn es ein wirklich wichtiges Thema gibt, sind alle da.

Bei dieser Versammlung und der großen Debatte dort stimmten nur ein paar, vielleicht ein halbes Dutzend, Fakultätsmitglieder den Studenten zu. Die überwältigende Mehrheit der Fakultät sah es anders als die Studenten und sprach sich für die Umsetzung des Plans auf dem Campus aus. Das ist bemerkenswert, wenn man bedenkt, dass die Fakultätsmitglieder von heute die Studenten von vor zehn Jahren sind. Dieser Wandel der institutionellen Rolle führte zu einem dramatischen Wandel in der Haltung dieser Leute, und das nicht etwa, weil sie besser informiert waren – die Fakultät wusste über die Hintergründe auch nicht mehr als die Studenten. Das Ganze ist ein interessantes Beispiel für den Einfluss, den unsere Institutionen auf unsere Weltsicht haben – und ein Beispiel, über das Leute wie wir hier einmal nachdenken sollten. Nun, der Plan setzte sich durch, und tatsächlich wurden viele der Leute, die dann eine Rolle im iranischen Atomsystem spielten, am MIT ausgebildet.

Kirkland: Hallo, ich denke, aus der bisherigen Diskussion geht zweierlei ziemlich klar hervor: Erstens, wir können uns bei der Lösung dieser Probleme nicht auf die Reichen verlassen. Zweitens, die Lösung besteht darin, dass wir uns selbst als Massenbewegungen organisieren. Das sind jedenfalls die beiden Schlüsse, die ich aus dem bisher Gesagten gezogen habe. Meine Frage ist: Wenn wir uns tatsächlich organisieren, was sind dann die strategischen Punkte, an denen wir Druck ausüben sollten? Kann man diese Punkte klar ausmachen? Angesichts dessen, was Stephan und Chenoweth in ihrem Artikel in *International Security*[1] geschrieben haben, gehe ich davon aus, dass unsere Strategie gewaltlos sein sollte. Ich glaube, das ist die Zeitschrift, von der Sie vorhin sprachen, als Sie sagten, Gewaltlosigkeit sei effektiver. Aber wenn wir Widerstand leisten, wenn wir zivilen Ungehorsam praktizieren, wogegen sollte dieser sich dann richten? Nehmen wir da die Banken ins Visier, die all die Dinge, die wir ablehnen, finanzieren? Oder fassen wir örtliche Behörden oder die Bundesregierung ins Auge?

Noam: Ich glaube nicht, dass es auf diese Frage eine allgemeingültige Antwort gibt. Die Antwort hängt davon ab, wer man ist, in welchen Umständen man lebt, welche Interessen man hat, mit wem man Umgang pflegt, wofür man Talent hat, worin man gut ist, oder welche Art von Dingen man nur ungern tut. Alle, *absolut alle* Punkte, an denen man man Druck ausüben kann, sind wichtig, und sei es nur eine Ampel, um dafür zu sorgen, dass Kinder gefahrlos zur Schule gehen können. Bei alldem lernt man, sich zu organisieren. Es gibt alle möglichen Dinge, die man tun kann, und dabei kann nur jeder Einzelne selbst herausfinden, welche Dinge er glaubt, auf wirksame Art tun zu können. Genau wie sonst in unserem Leben müssen wir hier unsere eigenen Entscheidungen treffen, und es gibt niemanden, der uns sagen kann, wie wir das machen sollten.

Lyn: Es war in letzter Zeit viel von der Wahl des kleineren Übels und davon die Rede, dass man den Kandidaten wählen soll, der die besten Chancen hat, gewählt zu werden, und von dem man sich erhofft, dass er am wenigsten Schaden anrichtet. Ich frage mich, ob die Wahl des kleineren Übels, auf wen auch immer sie dann fallen mag, nicht im Endeffekt einfach nur ein Votum für die Fortsetzung des Zweiparteiensystems ist, das uns dahin gebracht hat, wo wir jetzt sind.

Noam: Nun ja, etwa fünfzig Prozent der Bevölkerung gehen ja ohnehin nicht wählen, aber verändern sie damit das System? Sie bewirken gar nichts. Über diese Frage der Wahl des kleineren Übels herrscht eine Menge Verwirrung, aber eigentlich ist die Antwort trivial und eine Frage der Logik, ganz simpler Logik. Wenn man in einem der Swing States, den Staaten mit wechselnden Mehrheiten ist, ist der Wahlausgang unklar. Dann muss man eine Entscheidung treffen, wen man für den schlimmeren Kandidaten hält. Oder? Nehmen wir an, man kommt zu dem Schluss, dass Trump der schlimmere Kandidat wäre. Dasselbe gilt, wenn man Hillary Clinton für die schlechtere Kandidatin hielte, aber nehmen wir an, man denkt, es wäre Trump. Dann steht man vor einer ganz simplen Entscheidung.

Stimme ich für Trump oder stimme ich gegen Trump? Wenn man nicht wählt, stimmt man für Trump, und wenn man eine dritte Partei wählt, stimmt man auch für ihn. Das ist simple Mathematik, und dagegen helfen keine Argumente. Wenn man Clinton eine Stimme wegnimmt, ist das dasselbe wie eine zusätzliche Stimme für Trump. Dieser mathematische Aspekt der Sache ist unstrittig, so viel steht fest. Natürlich kann man sagen, es sei nicht klar, wer der schlimmere Kandidat ist; darüber kann man dann debattieren und dazu kann man seine eigene Entscheidung treffen – obwohl ich selbst offen gesagt nicht finde, dass es da viel zu diskutieren gibt. Das sind beides vollkommen separate Themen und in all den Artikeln, in denen vor der Wahl des kleineren Übels gewarnt wird, ist leicht zu sehen, dass sie miteinander vermischt werden. Aber sobald man sie voneinander trennt, ist alles ganz einfach. Man macht sich ein Urteil darüber, wer der schlechtere Kandidat ist, man trifft eine Entscheidung, ob man für ihn stimmen will, und wenn man dann in einem Swing State für eine dritte Partei stimmt, wählt man damit das größere Übel, daran ist nichts zu rütteln. Tut man etwas gegen das Zweiparteiensystem, indem man gar nicht wählt? Damit ändert man das Zweiparteiensystem nicht. Man könnte es vor allem dadurch verändern, dass man innerhalb des Systems arbeitet und wie die Sanders-Bewegung versucht, es zu verändern und zu modifizieren. Das heutige Programm der Demokraten ist wahrscheinlich seit Jahrzehnten das progressivste, das wir nach dem New Deal gesehen haben.

Es wird natürlich nur umgesetzt werden, wenn es Druck gibt, aber genau darum geht es bei politischem Aktivismus doch. Die andere Möglichkeit ist, *tatsächlich* eine dritte politische Partei aufzubauen. Aber eine dritte Partei aufzubauen heißt nicht einfach, alle vier Jahre für eine Weile aufzutauchen und irgendwen als Präsidentschaftskandidaten aufzustellen, denn das bewirkt gar nichts. Was nötig ist, um etwas zu bewirken, ist permanenter Aktivismus, der auf der örtlichen Ebene beginnt, bei Wahlen zu Schulausschüssen, Stadträten, Staatsparlamenten, alles zu seiner jeweiligen Zeit, und so kann man Schritt für Schritt die Basis für eine dritte Partei aufbauen. Natürlich gibt es in unserem politischen System, das wir von England geerbt haben, eine Barriere gegen dritte Parteien.

Wir haben das System der Mehrheitswahl geerbt. In Ländern mit proportionaler Vertretung ist es viel leichter, unabhängige Parteien aufzubauen, und das heißt, dass eine der Optionen die schrittweise Einführung eines proportionalen Vertretungssystems wäre. Eine weitere Option wäre die Nutzung von Mechanismen innerhalb des Zweiparteiensystems, die wie im Fall der Working Families Party in New York die Entwicklung unabhängiger Parteien in Gestalt gemeinsamer Kandidaturen erlauben. Man kann sie wählen und das hilft der Partei, aber die Stimmen werden dann in der Regel für die Demokraten gezählt. Das ist eine weitere Form der Arbeit innerhalb des Systems. Es gibt also die Möglichkeit, eine echte dritte Partei aufzubauen, oder man kann an der Veränderung der bestehenden Parteien arbeiten – aber einfach systemischen Boykott zu betreiben, bringt nichts. Die Hälfte der Bevölkerung tut das sowieso schon.

Walter Dean Burnham, ein hervorragender Wissenschaftler, der sich mit parlamentarischer Politik beschäftigt, veröffentlichte 1982 eine sehr aufschlussreiche Studie über die frühen Reaganjahre Anfang der 1980er-Jahre, die aufschlussreiche Dinge über diese Hälfte der Bevölkerung zeigt.[2] Er hat damit die meines Wissens einzige Studie zu Nicht-Wählern gemacht und die Frage nach ihrem sozio-ökonomischen Profil gestellt. Das Ergebnis war beeindruckend. Das Profil dieser Leute ähnelte stark dem der Schichten in Europa, die für sozialdemokratische oder sonstige Arbeiterparteien stimmten. Hier gehen diese Leute gar nicht erst zur Wahl. Das sagt uns etwas sehr Bedeutsames. Leider muss ich sagen, dass der Vergleich zwischen den Kontinenten heute nicht mehr stimmt, weil die sozialdemokratischen und Arbeiterparteien in Europa inzwischen so gut wie zusammengebrochen sind.

Shawn: Wir hören hier leider gerade, dass das die letzte Frage war und dass wir für heute Abend Schluss machen müssen.

Noam: Es ist ein Anfang!

4 Aktuelle Gedanken über Bewegungen und ihre Zukunft

Herausgeber: Welche Konsequenzen im Hinblick auf Ihre Vision und Ihre Strategie zum Aktivismus sollte die Linke Ihrer Meinung nach aus der drohenden Gefahr des Untergangs ziehen? Macht diese Gefahr eine Neukonzipierung der Kämpfe um Gerechtigkeit nötig? Eine neue Art von Militanz?

Noam: Die Dringlichkeit der »Gefahr des Untergangs« ist unübersehbar. Sie sollte der konstante Gegenstand von Aufklärungsprogrammen, Organisation und Aktivismus sein und den Hintergrund für unser Engagement in allen anderen Kämpfen bilden. Aber sie kann diese Kämpfe nicht ersetzen, zum einen, weil viele dieser anderen Kämpfe ihrerseits entscheidend wichtig sind, und zum anderen, weil diese grundlegende Gefahr nicht effektiv angegangen werden kann, solange es kein allgemeines Verständnis für ihre Dringlichkeit gibt. Aber ein solches Verständnis setzt eine wesentlich größere Sensibilität gegenüber den weltweit verbreiteten Formen von Leid und Unrecht voraus – ein tieferes Bewusstsein, das zu Aktivismus und Engagement sowie zu tieferen Einsichten in deren Wurzeln und wechselseitigen Verbindungen inspirieren kann. Es ist nutzlos, zu mehr Militanz aufzurufen, wenn die Bevölkerung noch nicht dazu bereit ist, und diese Bereitschaft kann nur durch geduldige Arbeit geschaffen werden. Das mag frustrierend sein, wenn wir an die nur zu reale Dringlichkeit der existenziellen Gefahren denken. Aber egal, ob das frustrierend ist oder nicht, wir können diese vorbereitenden Stufen nicht überspringen.

Herausgeber: Sind Sie der Ansicht, dass Bewegungen sich besonders auf die Gefahren einer Klimakatastrophe konzentrieren sollten, wie es Extinction Rebellion in Großbritannien tut? Wie könnte so etwas in den USA aussehen? Wie sollten schon existierende Bewegungen ihre strategische Ausrichtung verändern?

Noam: Die Ziele der Bewegung von Extinction Rebellion in Großbritannien verdienen auf jeden Fall Unterstützung. In den USA plant die Basisbewegung Earth Strike (earth-strike.com) Aktionen für das gesamte Jahr 2019, die dann im September zu einem »Generalstreik zur Rettung des Planeten« führen sollen. Gleichzeitig arbeiten andere Organisationen an ihren eigenen Plänen. Das sind alles höchst wertvolle Initiativen, die wir entschieden unterstützen sollten. Ihr Erfolg hängt jedoch absolut von einem wachsenden allgemeinen Bewusstsein ab. Dabei können wir die Realitäten der Welt, in der wir leben, nicht außer Acht lassen. Das ist eine Welt, in der laut jüngsten Meinungsumfragen fast die Hälfte der Anhänger der Republikaner den Klimawandel rundweg abstreitet und nur eine knappe Mehrheit wenigstens die Möglichkeit erwägt, dass menschliche Aktivitäten etwas mit dem Klimawandel zu tun haben. Laut der letzten Meinungsumfrage hierzu von März 2018 sind lediglich 25 Prozent aller Republikaner »der Meinung, dass die Erderwärmung für den Präsidenten und den Kongress eine hohe oder sehr hohe Priorität darstellen sollte«. Eine Welt auch, in der die liberale

Presse regelmäßig Berichte über die Förderung fossiler Brennstoffe bringt, die darüber jubeln, dass wir hier die Führung übernehmen und so unsere globale Macht festigen. Dabei erwähnen sie vielleicht nebenbei ein paar der lokalen Umweltauswirkungen der Erschließung neuer Gebiete für die Brennstoffextraktion wie zum Beispiel Wasserknappheit für Rancher, haben aber kaum ein Wort dafür übrig, was diese Politik für das Leben der nächsten Generation bedeutet.

Dasselbe gilt im Hinblick auf die zweite große Bedrohung für unser Überleben. Es gab kaum einen Kommentar zur neuen Nationalen Sicherheitsstrategie der Trump-Administration, mit der Billionen von Dollar zur Sicherung der »Vorherrschaft« der USA (das heißt, ihrer Überlegenheit über jede mögliche Koalition von Rivalen) mit der Gewissheit bereitgestellt werden, dass die USA einen Krieg sowohl gegen China als auch gegen Russland gewinnen können, obwohl schon ein Krieg gegen auch nur einen dieser Staaten die gesamte Welt mit sich in den Abgrund reißen würde.[1] Der Mann, der diesen Plan seinerzeit begeistert vorstellte, war kein anderer als der mythische »Erwachsene« im Weißen Haus, die »Stimme der Vernunft« innerhalb der Clique um Trump, »Mad Dog« James N. Mattis, der zugleich auch Pläne für hochgradig destabilisierende Waffen und damit die Revision der langsamen Fortschritte vorlegte, die zuvor bei der Verminderung der großen Gefahr eines Nuklearkriegs erreicht worden waren.

Es ist schlicht nicht möglich, um diese kontinuierliche Arbeit an der Entwicklung von Bewusstsein und Verständnis herumzukommen. Innovative und dramatische Aktionen können die Entwicklung eines solchen Bewusstseins für die Dringlichkeit, mit der wir handeln müssen, beschleunigen, wenn sie in breitere Initiativen eingebettet sind. Die allgemeinen Leitlinien hierfür

Protestierende der Extinction Rebellion in London am 19. April 2019; © Jwslubbock

sind leicht auszumachen; woraus es ankommt, ist, sie durch spezifische Programme und Aktionen mit Leben zu füllen.

Herausgeber: Worin siehst du die größte Hoffnung auf internationale Solidarität und internationale Vereinbarungen? Gibt es da strukturelle Kräfte wie etwa Veränderungen im Charakter der Globalisierung? Kann man Hoffnungen auf bestimmte Länder oder Institutionen setzen? Oder auf globalisierte soziale Bewegungen? Wie können diese Bewegungen den Hyper-Nationalismus der neuen Regime von Autokraten von Brasilien über die Philippinen bis zu den USA überwinden?

Noam: Dafür gibt es keine simple Formel. Um mit diesen immer weiterwachsenden, zerstörerischen autokratischen und hypernationalistischen Tendenzen fertigzuwerden, müssen wir zunächst einmal ihre Wurzeln verstehen. Dieses Thema ist zu umfangreich, um es hier ernsthaft diskutieren zu können, aber ich denke, dass sehr viel darauf hindeutet, dass die neoliberalen Sparprogramme der letzten Generation ein wichtiger Faktor für das Wachstum dieser Tendenzen sind. Diese Programme haben den Reichtum in wenigen Händen konzentriert, das Funktionieren der Demokratie unterminiert und einen Großteil der Bevölkerung an den Rand gedrängt, was zu verständlicher Unzufriedenheit und Wut geführt hat, die sich dann oft in pathologischen Formen äußern und die Betroffenen anfällig für die Agitation von Demagogen machen.

Diesen Entwicklungen kann nur durch fortschrittliche soziale Bewegungen begegnet werden, die glaubwürdige Antworten auf die harten Fakten des täglichen Lebens vieler Menschen liefern oder, besser noch, den Weg zu dringend benötigten gesellschaftlichen und institutionellen Veränderungen weisen. Das sollte die Basis internationaler Solidarität sein, erst recht in einer globalisierten Welt, in der viele Menschen sich denselben Gefahren für eine würdige Existenz gegenübersehen und zugleich die Möglichkeit zur Kommunikation und Interaktion haben. Letztere sind vom internationalen Kapital sehr effektiv, aber von den Opfern dieser grausamen Politik nur in viel geringerem Maßstab genutzt worden. Das alles sind ernste Probleme, die angegangen und gelöst werden müssen.

Herausgeber: Du sagst in diesem Buch nicht sonderlich viel über den Kapitalismus. Siehst du den Kapitalismus als die treibende Kraft hinter diesem Wettlauf in den Untergang? Müssen wir den Kapitalismus hinter uns lassen, um unser Überleben sicherzustellen?

Noam: Die heute bestehenden Varianten des Staatskapitalismus basieren auf Prinzipien, die meiner Meinung nach nicht toleriert werden sollten. Einige ihrer hervorstechendsten Eigenschaften wie das Außerachtlassen externer Kosten und der rücksichtslose Trieb zum Wachstum stellen praktisch Garanten für eine Katastrophe dar. Andererseits sind diese Systeme flexibel genug, um die Hoffnung auf ein Überleben durch Entwicklung einer grünen Wirtschaft nicht auszuschließen. Genau dazu hat der Wirtschaftswissenschaftler Robert Pollin einige detaillierte Vorschläge gemacht.[2] Das ist auch ein Glück, weil in der realen Welt von heute die Bedingungen für weitreichende institutionelle Veränderungen hin zu einer echten Demokratisierung und einer Kontrolle des sozialen, wirtschaftlichen und politischen Lebens durch die Bevölkerung selbst noch nicht reif sind – obwohl die Keime einer solchen Entwicklung *tatsächlich schon da sind* und in Zukunft weiter gedeihen könnten. Ganz egal, ob es uns gefällt oder nicht, werden wir die dringenden Fragen von heute im Rahmen der bestehenden Institutionen angehen müssen, wobei wir gleichzeitig ernsthafte Anstrengungen unternehmen sollten, uns von unterdrückerischen Institutionen zu befreien und uns auf ein wesentlich höheres Maß an Freiheit, Gerechtigkeit, authentischer Demokratie, Kooperation und gegenseitiger Hilfe in allen Lebensbereichen zuzubewegen.

Herausgeber: Um noch einmal zu rekapitulieren: Sie haben sich heute auf die beiden größten Gefahren für die weitere Existenz der Menschheit konzentriert: den von fossilen Brennstoffen getriebenen Klimawandel und die Möglichkeit von Konflikten, bei denen Atomwaffen eingesetzt werden. Das scheint nur vernünftig, aber Sie haben auch auf viele weitere Quellen für den Untergang des Menschen und der meisten anderen Arten hingewiesen. Wenn wir uns vor diesem Hintergrund die Lage ansehen, sticht ins Auge, wie umfassend die Gefahren sind, und dass die Veränderungen, die sie abwenden könnten, jeden Bereich des menschlichen Lebens betreffen. Wie können wir ein System verstehen, das derart vielfältige Aspekte umfasst? Gibt es überhaupt ein System? Oder vielleicht viele verschiedene Systeme? Oder um das etwas konkreter zu machen: Wie kann jemand, der, sagen wir, etwas gegen die Opiumkrise im Rostgürtel der USA tun will, die tatsächlichen Probleme der Betroffenen verstehen?

Noam: Die Welt ist ein komplexer Ort, aber wir können dennoch systemische Faktoren und Strukturen darin identifizieren. Nehmen wir den Konsum von Opiaten. Warum ist diese Art von Drogenmissbrauch im Rostgürtel der USA so verbreitet? Warum wird die Lebenserwartung in den USA zum ersten Mal seit dem Ersten Weltkrieg und der darauffolgenden Grippe-Pandemie immer geringer, statt zu steigen? Warum sehen wir das vor allem bei den Weißen aus der Arbeiterklasse, die von der neoliberalen Politik der letzten Generation mit ihrer besonderen Form von Globalisierung, die auf die Interessen der Investorenklasse und des transnationalen Kapitals zugeschnitten ist, an den Rand gedrängt worden sind? Der Zusammenhang zwischen dem Opiate-Missbrauch und der regressiven Politik, die Ende der 1970er-Jahre Gestalt anzunehmen begann und dann von Reagan und seinen Nachfolgern beschleunigt fortgesetzt wurde, ist ziemlich offensichtlich. Und wie ich ja schon gesagt habe, gibt es auch anderswo ähnliche Entwicklungen wie den Aufstieg der »illiberalen Demokratie« und den Kollaps der zentristischen Kräfte, die nach dem Zweiten Weltkrieg das politische Leben dominiert hatten. Studien zu vielen Länder von den USA bis

Schweden sind zu dem Schluss gekommen, dass Xenophobie, immigrantenfeindliche Hysterie, Rassismus und der Boom der ultranationalistischen Rechten sich meist im Gefolge einer verschlechterten wirtschaftlichen Situation und der scharfen Beschneidung sozialdemokratischer Programme entwickeln. Ja, die Welt ist komplex und es interagiert eine Vielzahl von Faktoren, aber es gibt einige systemische Merkmale der globalen Malaise, aus denen sich schließen lässt, was wir tun sollten.

Herausgeber: Im Augenblick werden ja etliche Vorschläge diskutiert, am wichtigsten darunter vielleicht der Green New Deal. Welche Art Widerstand müssen dessen Verfechter von den Konzernen und den ihrer Agenda dienenden Medien und Politikern erwarten? Welche organisatorischen Entscheidungen zur Bildung von Koalitionen sollten progressive Aktivisten treffen, um diesen Widerstand zu überwinden?

Noam: Vor allem dürfen wir auf keinen Fall vergessen, dass Vorschläge dieser Art sich in der ein oder anderen Form durchsetzen *müssen*. *Müssen*, da wir ansonsten verloren sind. Einige davon sind sehr detailliert und liegen bereits in einer Form vor, die als Basis für organisatorische Aktivitäten genutzt werden kann, darunter vor allem Pollins Arbeiten zum Green New Deal. Natürlich wissen wir aufgrund der Erfahrungen der Geschichte und des Wesens staatskapitalistischer Märkte genau, dass wir vonseiten der Konzerne Widerstand erwarten müssen. Dennoch scheinen die Zeiten vorbei zu sein, in denen die Manager von ExxonMobil, als James Hansen 1988 die Gefahren der Erderwärmung aufdeckte, in Reaktion darauf massenhaft Geld in die Verbreitung von Skepsis und die direkte Leugnung der neuen Erkenntnisse pumpten – wobei sie genau wussten, was sie taten, weil ihre eigenen Forscher mit die Ersten gewesen waren, die gezeigt hatten, wie außerordentlich ernst die Gefahren sind.

Aber heute sind diese Gefahren so offensichtlich geworden, dass wir offenbar in eine Ära eingetreten sind, die eher von Versuchen von Kooptierung und Beschwichtigung als von direkter Verleugnung der Realität gekennzeichnet ist. Das ist gar nichts Neues; man muss sich dazu nur die Schliche der gesundheitsschädlichen Tabakindustrie ansehen. Diese Situation bietet Aktivisten neue Möglichkeiten, aber der Weg dahin ist voller Fallstricke, die erkannt und vermieden werden müssen. Wir sollten Strategien zur Nutzung dieser Möglichkeiten entwickeln, denn das nicht zu tun, wäre kontraproduktiv, aber dabei sollten wir immer auch auf die Motive, Pläne und Manipulationsversuche der bestehenden Machtsysteme achten. Das ist schwieriger als der Umgang mit direkter Verleugnung, bietet uns aber zugleich neue Optionen für Aufklärungs- und Organisationstätigkeit, die beide dringend intensiviert werden müssen. Wir haben keine Zeit zu verlieren.

Herausgeber: Meinst du, dass sich unsere sozialen Bewegungen aufgrund dieser Untergangsgefahr verändern müssen? Sollten sie sich verstärkt koordinieren, um durch ihre Arbeit mehr zur Verhinderung dieses Untergangs beizutragen? Müssen sie einen globaleren Charakter annehmen, um zur Durchsetzung weitreichender Klima- und Rüstungsabkommen beizutragen? Müssen sie den Zusammenhang zwischen der Macht der Konzerne und der Gefahr eines Weltuntergangs schärfer beleuchten?

Noam: Ich würde sagen, dass sie *all* das tun sollten!

Für Aktivisten besteht immer eine starke – verständliche und keineswegs grundlose – Versuchung, all ihre Anstrengungen in die wichtigen Fragen zu stecken, mit denen sie sich unmittelbar befassen. Aber der Bezug ihrer Arbeit zu anderen gesellschaftlichen Kämpfen ist real, und zwar nicht nur lokal, sondern global. Durch wohlüberlegte und sorgfältige Initiativen zum Aufbau von »Intersektionalität« und Solidarität können alle nur gewinnen. Dasselbe gilt für die Eruierung und Bekämpfung der gemeinsamen institutionellen Wurzeln, die den Problemen und Krisen zugrunde liegen, mit denen die verschiedenen Einzelinitiativen sich auseinandersetzen. Das Kapital ist koordiniert und globalisiert. Gegen diese Front müssen die weltweiten Kämpfe gegen Unrecht und Unterdrückung ihre eigenen Formen von Interaktion und gegenseitiger Unterstützung entwickeln. Wir sollten an den Träumen von einer echten Internationalen unbedingt festhalten. Und sie bekommen erst recht enorme Bedeutung, sobald wir uns die schweren Gefahren für jegliches organisierte soziale Leben vor Augen halten, die ihren bedrohlichen Schatten über sämtliche anderen Fragen und Probleme werfen.

5 Die dritte Gefahr: Die Aushöhlung der Demokratie

Etwa zweieinhalb Jahre nach seinem Vortrag vor den US-Wahlen von 2016 kehrte Noam Chomsky am 11. April 2019 zur Old South Church zurück, um erneut vor einem vollen Saal zum Thema Internationalismus oder Untergang zu sprechen.[1] *Nach einer persönlichen Reminiszenz ergänzte er seine Darstellung der existenziellen Gefahren, vor denen die Menschheit heute steht, durch Überlegungen zum politischen Prozess selbst, nämlich zur Subversion der Demokratie durch die Interessen der fossilen Brennstoffindustrie, der Großkonzerne und die Kräfte des Nationalismus. – Die Herausgeber*

Erlauben Sie mir, mit einer kurzen Reminiszenz an eine Zeit zu beginnen, die der heutigen auf vielerlei unerquickliche Arten gespenstisch ähnelt. Ich meine die Zeit vor ziemlich genau 80 Jahren, zufälligerweise genau der Moment, in dem ich meinen, wenn meine Erinnerung mich nicht trügt, ersten politischen Artikel schrieb. Das Datum ist dabei leicht zu eruieren; es war unmittelbar nach der Einnahme Barcelonas durch die Franco-Truppen im spanischen Bürgerkrieg im Februar 1939.

In dem Artikel ging es um eine Erscheinung, die damals vielen als der unaufhaltsame Aufstieg des Faschismus auf der ganzen Welt erschien. Im März 1938 hatte Nazi-Deutschland Österreich besetzt. Einige Monate später verrieten die Westmächte mit dem Münchener Abkommen von September 1938 die Tschechoslowakei und überließen sie der Willkür der Nazis.

In Spanien fiel eine Stadt nach der anderen an die Truppen Francos und im Februar 1939 fiel auch Barcelona. Das war das Ende der Spanischen Republik. Die bemerkenswerte anarchistische Volksrevolution von 1936, 37 und 38 war vorher schon gewaltsam zerschlagen worden. Es sah so aus, als würde der Faschismus sich endlos weiter ausbreiten.

Das war nicht exakt dasselbe wie das, was heute vor sich geht, aber wir können uns hier die berühmte Formulierung Mark Twains entleihen: »Die Geschichte wiederholt sich nicht, aber sie reimt sich« – es gibt zu viele unübersehbare Ähnlichkeiten.

Nach dem Fall Barcelonas gab es eine enorme Welle von Flüchtlingen aus Spanien. Die meisten, etwa 40 000, gingen nach Mexiko. Andere emigrierten nach New York und eröffneten anarchistische Büros am Union Square und Secondhand-Buchhandlungen in der 4th Avenue. Ich trieb mich dort oft herum und erhielt so eine Art erster politischer Grundausbildung. Das war vor 80 Jahren, aber die Erinnerungen sind immer noch da.

Obwohl wir das damals nicht wussten, kamen viele in der US-Regierung jetzt ebenfalls langsam zu der Einschätzung, dass die Ausbreitung des Faschismus vielleicht unaufhaltbar war. Allerdings waren diese Leute darüber keineswegs so erschrocken wie ich als Zehnjähriger. Wir wissen heute, dass die Haltung des US-Außenministeriums zum Charakter der Nazi-Bewegung reichlich zwiespältig war. So kabelte der damalige US-Konsul in Berlin ziemlich schwammige Kommentare über die Nazis nach Hause, in denen er die Meinung vertrat, sie seien vielleicht doch nicht so schlimm wie alle behaupteten. Er wurde erst nach dem japanischen Überfall auf Pearl Harbor im Dezember 1941 von dort abgezogen und später als Diplomat berühmt wurde; sein Name war George Kennan. Seine Berichte spiegelten die damalige gemischte Haltung gegenüber den Nazis recht gut wider.

Im Gegensatz zu damals wissen wir heute auch, dass das Außenministerium und der Council on Foreign Relations schon kurz nach dem Fall Barcelonas, noch 1939, mit Planungen für die Welt nach dem Krieg und zu der Frage, wie diese aussehen sollte, begannen. Und in den ersten Jahren von 1939 bis 1942 gingen sie davon aus, dass die Nachkriegswelt in einen von Nazi-Deutschland kontrollierten und die meisten Gebiete Eurasiens umfassenden Teil und einen Teil unter Kontrolle der USA aufgespalten sein würde, der die westliche Hemisphäre, das ehemalige britische Imperium – das von den USA übernommen werden würde – und bestimmte Gebiete im Fernen Osten umfassen würde. Das war die Planung für die Welt nach dem Krieg. Wir wissen heute, dass man, bis es Russland gelang, den Naziangriff von 1941 zurückzuschlagen, weiter von dieser Konstellation ausging. Stalingrad im Winter 1942/43 und die große Panzerschlacht von Kursk etwas später machten klar, dass Russland die Nazis besiegen würde. Damit änderten sich auch die Planungen. Das Bild davon, wie die Welt nach dem Krieg aussehen würde, änderte sich und entwickelte sich zu dem, was wir in der ganzen Zeit seitdem gesehen haben. So sah es also vor etwa 80 Jahren aus.

Was wir heute sehen, kommt natürlich in keiner Weise an den Nazismus heran, aber wir stehen sehr wohl der Ausbreitung eines Phänomens gegenüber, das man als ultranationalistische, reaktionäre Internationale bezeichnen kann, und als genau das wird es von ihren Vertretern wie Steve Bannon, dem Impresario der Bewegung, auch offen herausposaunt. Gerade gestern erst errang diese Bewegung wieder einen Sieg: Mit der Wahl Netanyahus in Israel wurde das reaktionäre Bündnis, das gerade unter Schirmherrschaft der USA und unter Federführung des Triumvirats Trump-Pompeo-Bolton aufgebaut wird, weiter gefestigt. Ich könnte hier zur Charakterisierung dieser drei auf eine Formulierung von George W. Bush zurückgreifen, werde das aber aus Höflichkeit unterlassen. Im Nahen Osten besteht diese Allianz aus den ultrareaktionären Staaten der Region – Saudi-Arabien, den Vereinigten Arabischen Emiraten, Ägypten unter der brutalsten Diktatur seiner neueren Geschichte – und Israel, die sich alle gegen den Iran verbündet haben. Auch in Lateinamerika sind wir mit ernsten Gefahren konfrontiert. Mit der Wahl Jair Bolsonaros in Brasilien kam der extremistischste und abscheulichste unter den rechten Ultranationalisten an die Macht, die jetzt die Geißel der Hemisphäre sind. Erst gestern tat der Präsident Ecuadors, Lenín Moreno, einen großen Schritt zum Beitritt seines Landes zum internationalen Bündnis der extremen Rechten, indem er Julian Assange das Aufenthaltsrecht in der britischen Botschaft Ecuador in London entzog. Daraufhin wurde Assange sofort von den britischen Behörden festgenommen und steht nun, wenn es keine starken und breiten Proteste dagegen gibt, vor einer äußerst bedrohlichen Zukunft. Mexiko ist eine der wenigen Ausnahmen in Lateinamerika im Hinblick auf diese Entwicklungen. Ähnliches sehen wir auch in Westeuropa, wo die rechten Parteien, einige davon von einer höchst beängstigenden Sorte, einen Wachstumsschub erleben.

Es gibt aber auch Gegenentwicklungen. So hat eine sehr wichtige Figur, der griechische Ex-Finanzminister Yanis Varoufakis, zusammen mit Bernie Sanders zur Gründung einer Progressiven Internationale aufgerufen, um der sich gerade herausbildenden rechten Internationale etwas entgegenzusetzen. Auf der Ebene der Staaten sieht die Bilanz ganz überwiegend negativ aus, aber Staaten sind ja nicht die einzigen internationalen Akteure. Die Bevölkerung steht oft ganz woanders. Und das könnte am Ende entscheidend sein. Daher müssen wir die funktionierenden Demokratien schützen, erweitern und die Möglichkeiten, die sie bieten, nutzen, um jene Arten von Aktivismus praktizieren zu können, die schon oft zu wichtigen Fortschritten geführt haben und möglicherweise ausschlaggebend für unsere Zukunft sind.

Ich möchte hier einige Anmerkungen zu den großen Problemen, denen die Verteidigung und Festigung der Demokratie gegenübersteht, zu den mächtigen Kräften, die schon immer gegen Demokratie waren, zu den Erfolgen bei ihrer Rettung und Vertiefung und zur Bedeutung all dieser Fragen für unsere Zukunft machen. Zuvor jedoch noch einige zusätzliche Worte zu den beiden anderen Herausforderungen, vor denen wir stehen. Da Sie ja bereits genug darüber gehört haben und daher gut Bescheid wissen, muss ich nicht ins Detail gehen. Diese Herausforderungen als »äußerst ernst« zu beschreiben, wäre ein Irrtum. Diese Formulierung erfasst noch nicht einmal ansatzweise die Enormität der Aufgaben, die vor uns liegen. Und jede seriöse Diskussion über die Zukunft der Menschheit muss mit der Anerkennung einer entscheidenden Tatsache beginnen, nämlich der, dass die menschliche Art jetzt vor einer Frage steht, die sich in ihrer Geschichte noch nie zuvor gestellt hat und überdies rasch beantwortet werden muss: Hat die menschliche Gesellschaft eine langfristige Zukunftschance?

Wie Sie alle wissen, leben wir seit 75 Jahren unter der Bedrohung eines Atomkrieges. Wenn man auf diese Geschichte zurückblickt, kann man über die Tatsache, dass wir bis jetzt überlebt haben, nur erstaunt sein. Wir standen wieder und wieder buchstäblich nur Minuten vor der endgültigen Katastrophe. Dass sie nicht eingetreten ist, ist letztlich ein Wunder, aber selbst Wunder dauern nicht ewig. Wir müssen dieser Gefahr ein Ende machen, und das schnell. Die neueste »Richtschnur zur US-Kernwaffenpolitik« der Trump-Administration erhöht das Risiko einer für die menschliche Spezies tödlichen nuklearen Feuersbrunst dramatisch.[2] Wir erinnern uns vielleicht, dass diese Richtschnur von Jim Mattis in Auftrag gegeben wurde, den Trump später als zu zivilisiert für einen Verbleib in seiner Regierung betrachtete – daran lässt sich ermessen, was das Trio Trump-Pompeo-Bolton als zulässiges Meinungsspektrum ansieht.

Bis 2002 gab es insgesamt drei große Abrüstungsverträge: den ABM-Vertrag über Abfangraketen, den INF-Vertrag zu den »mittleren« Nuklearwaffen und den New START-Vertrag.

2002 zogen die USA sich aus dem ABM-Vertrag zurück. Und jeder, der glaubt, Abfangraketen seien Verteidigungswaffen, täuscht sich sehr ernsthaft über diese Systeme.

Gerade hatten die USA den 1987 von Gorbatschow und Reagan abgeschlossenen INF-Vertrag aufgekündigt, der die Gefahr eines Krieges in Europa, der sich dann sehr rasch ausbreiten würde, scharf reduziert hatte. Zum historischen Hintergrund für diesen Vertrag gehören die Demonstrationen, die Sie gerade in dem Begleitvideo zu dieser Veranstaltungsreihe (siehe Kapitel 7: Weitere Quellen) gesehen haben. Massive, öffentlichkeitswirksame Demonstrationen bildeten den Hintergrund, der zu einem Abkommen beitrug, das eine äußerst einschneidende Veränderung herbeiführte. Es lohnt sich, an diesen und etliche andere Fälle zu denken, in denen ein bedeutender und breiter Aktivismus der Bevölkerung einen enormen Unterschied gemacht hat. Die Lehre daraus ist zu offensichtlich, um eigens ausgesprochen zu werden. Aber jetzt, viele Jahre später, hat sich die Trump-Administration aus dem INF-Vertrag zurückgezogen und die Russen haben dann sofort dasselbe getan.

Dazu sollte angemerkt werden, dass beide Seiten glaubwürdige Gründe für die Behauptung haben, die jeweils andere Seite habe Vertragsbruch begangen. Für Leser, die sich ein Bild von der russischen Sicht der Sache machen wollen, gab es vor einigen Wochen in der wichtigsten Zeitschrift zu Fragen der Rüstungskontrolle, dem *Bulletin of Atomic Scientists*, einen Leitartikel von Theodore Postol, in dem er darauf hinwies, wie gefährlich die Stationierung von Abfangraketen an der russischen Grenze nicht nur per se, sondern aufgrund ihrer Wahrnehmung aus russischer Perspektive sei.[3] Immerhin handelt es sich hier um die *russische Grenze*. Die Spannungen werden schärfer; beide Seiten führen provokative Aktionen durch. In einer vernunftgesteuerten Welt würde das zu Verhandlungen zwischen den beiden Seiten führen, bei denen unabhängige Experten die von beiden gegen die jeweils andere Seite erhobenen Beschuldigungen bewerten würden, um zu einer Lösung zu kommen und den Vertrag wiederherzustellen. So wäre es in einer vernünftigen Welt, aber leider ist das nicht die Welt, in der wir leben. Stattdessen wurden überhaupt keine Bemühungen in diese Richtung gemacht. Und solange es keinen beträchtlichen Druck gibt, wird das auch so bleiben.

Damit bleibt noch der New START-Vertrag übrig. Dieser Vertrag ist vom zuständigen Mann (der sich bescheiden als den größten Präsidenten der amerikanischen Geschichte bezeichnet) schon als schlechtester Vertrag, der je abgeschlossen wurde, abgekanzelt worden, die übliche Bezeichnung für alles, was seine Amtsvorgänger getan haben. Und Trump fügte auch hinzu, dass wir den Vertrag aufkündigen müssen. Dieser Vertrag steht unmittelbar nach der nächsten Wahl im November 2020 zur Verlängerung an und so steht eine Menge auf dem Spiel. Ob er verlängert wird, ist eine sehr wichtige Frage, da er die Zahl der Nuklearwaffen scharf verringert hat, auf ein Maß, das immer noch viel zu hoch, aber doch weit geringer liegt als die frühere Zahl. Und er könnte weitergeführt werden.

Zugleich schreitet die Erderwärmung unerbittlich voran. In unserem Jahrtausend ist mit einer einzigen Ausnahme jedes Jahr wärmer als das vorhergehende gewesen. Kürzlich publizierte wissenschaftliche Studien von James Hansen und anderen deuten darauf hin, dass die Kurve der Erderwärmung, die seit etwa 1980 eine starke Steigung aufweist, sich rapide nach oben beschleunigen und sich von einem linearen zu einem exponentiellen Wachstum bewegen könnte, was bedeuten würde, dass die Erwärmung sich alle paar Jahrzehnte verdoppelt. Wir bewegen uns bereits auf die Temperaturen von vor 125 000 Jahren zu, als der Meeresspiegel etwa acht Meter höher lag als heute. Mit dem rapiden Abschmelzen der riesigen Eisfelder der Antarktis könnte dieser Punkt wieder erreicht werden. Die Konsequenzen dieser Entwicklung wären beinahe unvorstellbar. Ich werde nicht einmal versuchen, sie zu beschreiben, aber ich bin sicher, Sie können sie sich selbst ausmalen.

Unterdessen lesen wir in den Medien regelmäßig euphorische Berichte darüber, wie die Vereinigten Staaten ihre Förderung fossiler Brennstoffe vorantreiben: Sie haben mittlerweile sogar Saudi-Arabien überholt. Wir sind weltweiter Führer in der Produktion fossiler Brennstoffe. Die großen Banken, JPMorgan Chase und andere, pumpen Geld in neue Investitionen in diese Brennstoffe, darunter auch die gefährlichsten wie die kanadischen Teersande. Und all das wird äußerst begeistert und aufgeregt präsentiert: Wir sind dabei, das Ziel der »Energieunabhängigkeit« zu erreichen. Wir können die ganze Welt kontrollieren und über die Verwendung fossiler Brennstoffe in der Welt bestimmen.

Dabei fällt kaum ein Wort darüber, was all das bedeutet, obwohl das ziemlich offensichtlich ist. Das liegt nicht daran, dass die Journalisten und Kommentatoren das nicht wissen oder dass die Top-Manager der Banken es nicht wissen. *Natürlich tun sie das.* Aber hier operieren dann die Formen institutionellen Drucks, denen die Einzelperson sich schwer entziehen kann. Versetzen Sie sich einmal in die Lage des Vorstandsvorsitzenden der größten Bank, JPMorgan Chase, die gewaltige Summen in fossile Brennstoffe investiert. Er weiß mit Sicherheit genau so viel über die Erderwärmung wie Sie. Sie ist ja kein Geheimnis. Aber welche Optionen hat er? Im Wesentlichen nur zwei: Die eine ist, genau das zu tun, was er tut. Die andere ist, zu kündigen und durch jemanden ersetzt zu werden, der genau dasselbe tun wird, was er jetzt macht. Es handelt sich hier nicht um ein individuelles, sondern um ein institutionelles Problem, das gelöst werden kann, aber nur durch enormen öffentlichen Druck.

Und wir haben erst kürzlich und sehr dramatisch gesehen, wie so eine Lösung erreicht werden kann. Eine Gruppe junger Leute von der Sunrise-Bewegung veranstaltete Sit-ins in den Büros von Kongressabgeordneten und erregte das Interesse der neuen progressiven Abgeordneten, die es geschafft hatten, in den Kongress gewählt zu werden. Mit Unterstützung des großen Drucks von unten brachte die Abgeordnete Alexandria Ocasio-Cortez zusammen mit Senator Ed Markley dann tatsächlich den Green New Deal auf die Tagesordnung. Natürlich wird er von allen Seiten heftig angegriffen, aber das ist unwichtig. Noch vor ein paar Jahren wäre schon eine Diskussion darüber unvorstellbar gewesen. Aufgrund des Aktivismus dieser jungen Leute steht der Green New Deal jetzt mitten im Zentrum der Agenda. Er muss in irgendeiner Form in die Praxis umgesetzt werden. Er ist für uns überlebenswichtig, vielleicht nicht unbedingt in dieser Form, aber dann eben in einer anderen Variante. Hier wurde durch das Engagement einer kleinen Gruppe junger Leute eine enorme Veränderung bewirkt. Daran können wir sehen, was wir in Wirklichkeit alles erreichen können.

Inzwischen, im Januar 2019, wurde die Weltuntergangsuhr des *Bulletin of Atomic Scientists* auf zwei Minuten vor Mitternacht vorgestellt. So nah war sie dem endgültigen Untergang seit 1947 noch nie gewesen. Die Erklärung der Experten zur Umstellung der Uhr erwähnte die beiden uns nun schon bekannten Gefahren, nämlich die wachsende Gefahr eines Atomkrieges und die ebenfalls wachsende Gefahr des Klimawandels. Und zum ersten Mal sprach sie auch von einer dritten Gefahr, der Aushöhlung und Schwächung der Demokratie.[4] Sie ist neben der Erderwärmung und der Gefahr eines Atomkriegs die dritte tödliche Bedrohung. Und sie hinzuzufügen war absolut richtig, da eine funktionierende Demokratie die einzige Hoffnung bietet, die beiden anderen Gefahren abzuwenden. Ohne massiven Druck der Bevölkerung werden die derzeit ausschlaggebenden staatlichen und privaten Machtinstitutionen diese Gefahren nicht angehen, und das heißt, dass die Mechanismen einer funktionierenden Demokratie am Leben erhalten werden und so eingesetzt werden müssen, wie es die Sunrise-Bewegung und die großen Massendemonstrationen Anfang der 1980er-Jahre getan haben und wie wir es auch heute tun können.

6 Was kommt nach Trump? Interview im Dezember 2020

Noam Chomsky im Gespräch mit Michael Schiffmann, 16. Dezember 2020

Michael Schiffmann: Lieber Noam Chomsky, willkommen zu diesem Interview.[1] Glücklicherweise haben sich die US-Wahlen nicht als der absolute Albtraum herausgestellt, den man hätte befürchten können. Die Demokraten und Joe Biden sind gerade noch einmal mit einem blauen Auge davongekommen. Dennoch haben sie nur die Präsidentschaftswahl gewonnen, bei der Wahl zum Repräsentantenhaus jedoch eine schwere Niederlage erlitten und niemand weiß aktuell, was bei den Senatswahlen in Georgia im Januar passieren wird.

All das passierte nach vier schrecklichen Jahren unter Trump, nach denen die Wahlen für die Demokraten ein Spaziergang hätten sein müssen. Warum haben die Demokraten aus den Geschehnissen unter Trump nicht mehr Kapital geschlagen? Wo sehen Sie die großen Defizite auf Seiten der Demokraten und wie könnten diese überwunden werden?

Noam Chomsky: Zunächst sollte uns klar sein, dass die Wahlen ein totales Desaster waren. Genau wie Sie gerade gesagt haben, hätten die Demokraten mit Leichtigkeit gewinnen müssen, vor allem angesichts all dessen, was in den letzten vier Jahren geschehen ist, und der Tatsache, dass Trumps Handeln gerade den Tod von Zehntausenden, wenn nicht Hunderttausenden von Amerikanern verursacht hatte und das auch weiter tut – dennoch hatte das keine Auswirkung auf den Ausgang.

Trump hat eine ergebene Basis, die ihn anbetet und sich nicht um das kümmert, was tatsächlich geschieht. Eine große Mehrheit von ihnen ist überzeugt, dass er die Wahlen gewonnen hat, und nur eine kleine Minderheit glaubt das von Biden. Nichts kann das verändern, Tatsachen spielen keine Rolle. Es ist dieselbe ihm ergebene Basis, die bisher keinerlei Problem mit der Erderwärmung und natürlich schon gar nicht mit der wachsenden Atomkriegsgefahr gehabt hat – nichts davon ist zu diesen Menschen durchgedrungen.

Und das ist eine sehr gefährliche Situation. Trump hat eine Strategie; es ist eine Art schlechter Traum, aber sie könnte funktionieren, denn was er tut, ist sehr wirksam. Jedes Mal, wenn er und seine Anwälte mit ihren Wahlanfechtungen vor Gericht verlieren und die liberalen Medien sich über sie lustig machen, ist das in Wirklichkeit für sie ein Schub und stärkt Trumps Position. Es bestärkt die Überzeugung aufseiten seiner Anhänger, dass der Tiefe Staat versucht, ihren Helden niederzumachen, den einzigen Mann, der sich für sie einsetzt.

MS: Ja, und es erinnert einen an ein geflügeltes Wort aus Deutschland, und wir wissen, wer das gesagt hat: »Je größer die Lüge, desto eher wird sie geglaubt.«

NC: Ja. Das Hauptproblem ist, dass es nicht nur in den USA, sondern auch in Deutschland, in England und in einem Großteil der Welt einen großen Teil der Bevölkerung gibt, der sehr stark unter den bösartigen Folgen des Neoliberalismus gelitten hat. Nehmen wir die Vereinigten Staaten als Beispiel, wo die Daten sorgfältig analysiert und aufbereitet worden sind.

Die RAND Corporation, ein großer Think Tank mit engen Verbindungen zum Staat, hat gerade eine Studie über den Vermögenstransfer von der Arbeiterklasse und der Mittelklasse – was nach den Definitionen der Studie 90 Prozent der Bevölkerung entspricht – an die Ultrareichen im Lauf der letzten vierzig Jahre publiziert.[2] Nach ihrer Schätzung waren das 47 Billionen Dollar.

Aber das ist noch eine sehr gewichtige Untertreibung. Die Studie lässt eine Menge anderer Dinge außer Acht, die geschahen, nachdem Reagan für die Reichen den Geldhahn aufdrehte und sagte, nehmt euch, was ihr wollt, und bereichert euch. Da sind etwa die Zig-Billionen von Dollar, die in Steueroasen geschleust werden.

MS: Das heißt, in Wirklichkeit sprechen wir, wenn man alles mit einberechnet, von einer Summe, die dem jährlichen Bruttoinlandsprodukt der ganzen Welt entspricht.

NC: Ja, das ist der Transfer, ein anderes Wort dafür ist Raub, und die unteren 90 Prozent leiden darunter, aber die Demokraten bieten ihnen hier absolut nichts an. Die Demokraten haben der Arbeiterklasse in den 1970er-Jahren den Rücken gekehrt. Sie sind eine Partei von reichen Freiberuflern und der Wall Street. Das sind die Clinton-Demokraten, die in der Partei das Heft in der Hand haben.

Aber die Demokraten haben ebenfalls eine Basis, die Anhänger der Partei, und diese Basis ist viel fortschrittlicher. Aber wir sollten auch nicht übertreiben, wie progressiv sie ist. Nehmen wir Bernie Sanders. Ich erkenne durchaus an, dass er sehr gute Arbeit geleistet hat, aber nach europäischen Standards ist er ein gemäßigter Sozialdemokrat. Tatsächlich hat die Mitherausgeberin der Londoner *Financial Times*, Rana Foroohar, eine sehr gute Kolumnistin, in einer ihrer jüngsten Kolumnen nur halb zum Scherz geschrieben, dass Bernie Sanders, wenn er sich in Deutschland zur Wahl stellen würde, als Kandidat der Christdemokraten antreten könnte. Und das ist nicht weit von der Wahrheit entfernt.

MS: Nein, bestimmt nicht. In diesem Zusammenhang sollten wir dennoch hinzufügen, dass dieselbe Wende nach rechts sich auch in Europa vollzogen hat, wenn auch nicht so schnell wie in den USA. So zum Beispiel, wenn Jeremy Corbyn so unglaubliche Dinge wie Internetzugang für alle verlangt hat, worüber man jetzt in Großbritannien sehr froh wäre, aber letztes Jahr wurde er für solche gemäßigt sozialdemokratische Positionen verdammt. Wir haben also ähnliche Entwicklungen hier in Europa, aber nicht so schlimm wie in den Vereinigten Staaten.

NC: Ja, und die Quelle dafür ist weitgehend dieselbe. Die Zahlen der RAND Corporation geben einen Eindruck davon. Es hat einen massiven Angriff auf die große Mehrheit der Bevölkerung gegeben, und es gibt sehr wenig Schutz oder Verteidigungsmechanismen dagegen. Was die neoliberalen Programme betrifft, verstanden Reagan und Thatcher oder, besser gesagt, die Kräfte, die hinter ihnen standen, sehr gut, dass sie, wenn sie diesen Angriff auf die Bevölkerung durchführen wollten, dieser die Mittel, sich zu verteidigen, aus der Hand schlagen mussten.

An der Regierung war dann ihr erster Schritt ein Angriff auf die Gewerkschaften und deren Unterminierung – ein Schritt, der sehr erfolgreich war. Sie öffneten die Tür zu einem umfassenden Krieg gegen die Gewerkschaften, der dann von ihren Nachfolgern fortgesetzt wurde, so etwa mit Clinton und der von ihm vertretenen besonderen Form von neoliberaler Globalisierung: wirksame Schutzmaßnahmen für das Kapital und die Superreichen und ein Ausspielen der arbeitenden Menschen gegen die ärmsten und unterdrücktesten Arbeiter auf der ganzen Welt, eine perfekte Situation für die Unterminierung der Position der Arbeiterklasse und für die Bereicherung des Privatsektors.

MS: Sehen Sie irgendwelche Risse in der hegemonialen Position des Democratic National Committee (DNC)? Beobachten Sie irgendwelche Tendenzen in der Demokratischen Partei, die das verändern könnten?

NC: Die Demokratische Partei ist gespalten. Da ist das an der Clinton-Linie orientierte neoliberale Democratic National Committee an der Spitze der Partei, aber dann ist da auch noch die Wählerbasis. Bei der sieht es ganz anders aus. Sie ist gemäßigt progressiv. Und darüber hinaus sorgt sie sich auch um die entscheidenden Fragen, die von der Führung fast vollkommen marginalisiert oder sogar unterdrückt werden. So wurde während der Präsidentschaftskampagne sehr wenig, eigentlich so gut wie gar nichts über die wachsende Gefahr eines Atomkriegs gesagt, die sehr groß ist. Trump ist jetzt aus dem Rüstungskontrollregime ausgetreten und plant riesige neue Ausgaben für fortgeschrittenere, noch gefährlichere Waffen, eine radikale Erhöhung des Verteidigungshaushalts, ganz zu schweigen davon, dass auch die Demokraten diese Politik unterstützen.

MS: Tatsächlich gibt es da einige recht interessante Daten zu dieser Frage. Kurz nach den Wahlen gab es eine Umfrage auf dem rechtspolitischen Sender Fox News.[3] Und bei dieser Umfrage nach den Wahlen kam heraus, dass 72 Prozent der Befragten für eine staatliche Gesundheitsversorgung waren, 71 Prozent waren für die Beibehaltung der Freiheit zur Abtreibung, 55 Prozent waren für schärfere Waffengesetze und so weiter und so fort. Aber es gab eine große Ausnahme: Die Ausnahme betraf die Gefahr eines Atomkriegs. 96 Prozent waren sich darin einig, dass man genauso militant kriegsbereit sein sollte wie jetzt oder sogar noch militanter.

NC: Was war das für eine Umfrage?

MS: Das war Fox News, ein paar Tage nach der Wahl.

NC: Nun, die Bevölkerung insgesamt befürwortet mild sozialdemokratische Programme, aber die politische Klasse ist dagegen. Nehmen wir etwa Bernie Sanders' wichtigste Vorhaben, die tatsächlich starke Unterstützung in der Bevölkerung genießen. Das eine ist die staatliche Gesundheitsversorgung für alle, das andere ein kostenloses Hochschulstudium. Und das wird schon als zu radikal betrachtet! Die politische Klasse ist dagegen, man kann darüber nicht einmal sprechen. Aber so gut wie alle anderen Länder haben das!

Nehmen wir an, in Deutschland würde jemand sagen, ich bin für Gesundheitsversorgung für alle und für ein gebührenfreies Studium. Gäbe es da einen Chor des Protests und würde es heißen, dass das völlig undenkbar sei? Die USA sind eine von Großunternehmen beherrschte Gesellschaft, die sich von anderen Gesellschaften sehr stark unterscheidet. Sie ist in vielerlei Hinsicht sehr frei und vielen anderen Gesellschaften im Hinblick auf den Schutz der Bürgerrechte weit überlegen, wird aber von den Unternehmen beherrscht und selbst die elementarsten Bedingungen für soziale Gerechtigkeit, die anderswo als selbstverständlich betrachtet werden, sind höchstens rudimentär vorhanden.

Die demokratische Wählerbasis ist für die sozialdemokratischen Programme, das Democratic National Committee ist es nicht. Nehmen wir die wichtigste Frage, der wir derzeit gegenüberstehen und mit der wir uns rasch auseinandersetzen müssen: die Aufwärmung der Erdatmosphäre. Wenn wir das nicht sehr bald tun, ist alles andere sowieso unwichtig.

Die Basis der Demokratischen Partei hat es geschafft, Biden und Harris dazu zu bringen, zumindest einige Punkte zum Klimawandel in ihr Programm aufzunehmen. Das ist nicht genug, aber immerhin etwas und tatsächlich mehr als je zuvor in der Vergangenheit. Das Democratic National Committee wollte davon nichts wissen. Sie wollten es blockieren. Und wenn man zurück zu den Wahlen geht und sie sich näher ansieht, ist das einer der Gründe, warum die Demokraten nicht mit großer Mehrheit gewonnen haben.

Sehen wir uns an, was in den ölproduzierenden Bundesstaaten passiert ist. Es gab viele Berichte über einige überraschende Entwicklungen, zum Beispiel in Süd-Texas, der Grenzregion zu Mexiko, die auch ein ölproduzierendes Gebiet ist. Das sind zum größten Teil US-Bürger mexikanischer Abstammung. Sie hatten seit etwa hundert Jahren nicht für die Republikaner gestimmt. Jetzt haben sie Trump gewählt. Wie kam es dazu? Die Botschaft, die sie gehört haben, war: Biden will uns unsere Arbeitsplätze wegnehmen, unser Leben kaputtmachen und unsere Gemeinschaften zerstören, nur weil einige liberale Besserwisser irgendwo da draußen behaupten, es finde ein Klimawandel statt. Das ist die Botschaft, die sie gehört haben.

MS: Also ist die Botschaft, die letztendlich zu diesen Leuten durchdringt: Sie wollen das zerstören, was wir haben. Aber die progressive Botschaft, dass genau das durch etwas Besseres ersetzt werden könnte – das ist der Teil der Botschaft, der nicht zu ihnen durchkommt.

NC: Dieser Teil hat sie nicht erreicht. Die Demokraten haben keine Aktivisten in diese Gegenden geschickt, die gesagt hätten: Seht mal, wir müssen den Übergang weg von fossilen Brennstoffen zu einer anderen Energieproduktion vollziehen, daran gibt es nichts zu rütteln. Wir müssen es tun, oder es ist unser aller Ende. Aber es gibt Möglichkeiten, das zu tun, durch die ihr bessere Arbeitsplätze, ein besseres Leben, bessere Gemeinschaften und bessere Arbeit bekommt. Das ist alles machbar, hier sind unsere Ideen, wie das getan werden kann.[4] Das haben sie nicht gemacht. Daher ist das Einzige, was die Leute gehört haben, das, wovon Sie gerade gesprochen haben: Ihr wollt uns alles wegnehmen.

MS: Das wäre dann ein Teil der Antwort auf die Frage, warum die Demokraten so krachend verloren haben. Sie haben aufgehört, vor Ort Aktivitäten zu organisieren, mit Ausnahme von progressiven Demokraten wie AOC[5] und anderen, während die Republikaner auf örtlicher Ebene sehr präsent sind und alle möglichen Dinge organisieren. Ich sehe hier auch Parallelen in Europa. Ich sehe da ebenfalls das Fehlen von Organisationstätigkeit; so sieht man zum Beispiel dasselbe mit der britischen Labour Party. Sie hatte eine gute Botschaft, aber sie hatte nicht die Leute vor Ort und an der Basis, die diese Botschaft hätten transportieren können.

NC: Genau. Und mit dem Brexit ist es ja dasselbe. Labour hat einfach nur gezaudert und nichts Definitives gesagt. Die Leute waren wütend, voller Ressentiments und sagten, wir wollen unser wunderschönes Großbritannien zurück und weg von diesen Europäern da. Das ist es, was sie gehört haben, und es ist verständlich. Es ist so ähnlich wie bei Trump, der sagt, ich werde euch retten, ich sorge dafür, dass ihr eure Jobs zurückbekommt, während er ihnen gleichzeitig das Messer in den Rücken rammt. Aber zumindest *sagt* er, dass die Leute ihm wichtig seien, während er ihr Leben in Wirklichkeit noch schwerer macht. Die Demokraten bringen es noch nicht einmal fertig, zu sagen, ihr seid uns wichtig.

MS: Eine weitere Frage wäre ja, warum Trump ungeachtet seines oftmals unanständigen Verhaltens und politischen Vorgehens diese treu ergebene Basis hat. Die Antwort wäre demnach: Wenn man nicht die Mühe auf sich nimmt, die Menschen zu organisieren, überlässt man das Feld solchen Demagogen.

NC: Man muss imstande sein, Menschen anzusprechen und zu erreichen, und nicht stattdessen nur Spielchen im Kongress zu spielen – gehen wir hier noch einmal zum Klimawandel zurück. Was hier geschah, ist sehr interessant. Wir kennen natürlich die Interna nicht, aber ich bin der Entwicklung des Programms der Demokratischen Partei sehr sorgfältig gefolgt, weil ich ständig öffentlich über diese Fragen gesprochen habe. Wenn man auf Google nach dem Programm der Demokratischen Partei zu

Klimafragen suchte, fand man bis August auf der Website der Partei ein ziemlich vernünftiges Programm, im Wesentlichen das Biden-Programm, das nicht unbedingt großartig, aber einigermaßen akzeptabel ist.

Ende August verschwand es dann plötzlich von der Webseite. Was man stattdessen fand, waren Anweisungen, wie man an die Demokratische Partei spenden kann. Wir können hier nur spekulieren, aber es ist wahrscheinlich, dass das DNC dieses gemäßigte Programm von der Webseite genommen hat, da es ihnen zu weit ging. Wenn man sich das Programm *jetzt* ansieht, ist es zwar nicht schlecht, aber es sagt nicht, was getan werden muss. Es sagt *nicht*: Wir müssen den Übergang weg von fossilen Brennstoffen zu anderen Formen von Energie finden, sondern spricht stattdessen von anderen Dingen wie Dekarbonisierung oder besserer Atomtechnologie oder vielleicht irgendwann auch Fusionsreaktoren, allen möglichen Dingen, die nicht per se falsch, aber heute einfach nicht das Thema sind.

Wir müssen *jetzt sofort* unsere Abhängigkeit von fossilen Brennstoffen verringern und deren Verwendung spätestens bis Mitte des Jahrhunderts einstellen. Das muss hervorgehoben werden, aber es ist nicht da, weil sie die Großspender der Partei nicht verärgern und sie Wall Street nicht verärgern wollen. Also reden sie einfach nicht davon. Aber das ist nicht der Weg, auf dem man die Welt vor der drohenden Katastrophe bewahren kann. Es ist nicht die Art, wie man mehr als 20 oder 25 Prozent der Anhänger der Republikanischen Partei davon überzeugen kann, dass das eine ernsthafte Gefahr ist. Daran muss man arbeiten!

MS: Das heißt, die wichtigste Aufgabe wäre es, sich an die Mehrheit der Bevölkerung zu wenden, die vielleicht anfällig dafür ist,

Trump oder eine andere grässliche Führerfigur zu wählen. Die Leute sehen aktuell niemanden, der irgendetwas für sie tut, mit ihnen auf eine verständliche Art spricht und eine positive Zukunft skizziert, die über das hinausgeht, was sie jetzt haben, und ihr Leben verbessert.

NC: Wenn man sich die verschiedenen Regionen ansieht, ist interessant, dass dort, wo es intensive örtliche Organisationstätigkeit gegeben hat, sie auch Erfolg hatte. In Süd-Texas hat sich die mexikanisch-amerikanische Gemeinschaft zum ersten Mal in einem ganzen Jahrhundert den Republikanern zugewendet. In anderen Regionen, zum Beispiel dort, wo ich jetzt lebe, in Arizona, hat es seit einigen Jahren intensive Organisationsbemühungen vonseiten der Latino-Aktivisten in den örtlichen Latino-Gemeinschaften gegeben. Und sie hatten Erfolg. Dort stimmten sie gegen Trump.

Das sind die Dinge, die wichtig sind. Wenn es keine ernsthafte Bewegung in diese Richtung gibt, liegt eine sehr, sehr schlimme Zeit vor uns. Ich denke, man kann versuchen, zu raten, was Trump wahrscheinlich tun wird. Er wird vermutlich irgendeine Art von Gegenregierung gründen, vielleicht in Mar-a-Lago oder einem seiner anderen Zentren, die dann die »wirkliche Regierung« sein wird statt der »Fake-Regierung« in Washington, die auf gefälschten Wahlergebnissen beruht. Er wird dabei vom Senat unterstützt werden, dessen Chef Mitch McConnell ist. Außerdem hat er seine loyale Basis und er wird wahrscheinlich ein neues Mediensystem gründen, weil Fox News nicht mehr reaktionär genug ist, also kümmern wir uns nicht mehr um Fox, und es könnte sein, dass viele der reichen Großspender, Konzerne im fossilen Brennstoffsektor und andere da Geld hineinpumpen. Das Ziel von alldem wird sein, das Land unregierbar zu machen.

Das ist das Ziel. McConnell ist darin ein Genie und war schon während der acht Jahre unter Obama in dieser Hinsicht sehr erfolgreich. Wie er ganz offen zugab, war sein Ziel, das Land unregierbar zu machen, sicherzustellen, dass nichts getan werden konnte, und die Gerichte mit rechtsgerichteten Richtern zu besetzen. Und sie werden anfangen, dasselbe zu machen, wenn Biden sein Amt antritt. Es gibt also hier eine Menge Probleme. Mit ihnen fertigzuwerden, wird selbst im besten Fall schwierig sein. Wenn der Senat und die Gegenregierung Trumps massive Obstruktion betreiben, wird es sehr schwer werden, sie zu lösen, zum Teil wegen dem, was wir über die Demokraten gesagt haben; sie werden darauf nicht mit einem überzeugenden Vorgehen antworten. Es wird also Probleme geben.

MS: Ich denke, McConnell spielt dieselbe Rolle wie Cheney bei Bush, er ist der böse Hintermann dieser Administration.

NC: Nun, es wird genügend Dinge geben, bei denen Biden schwach aussieht und die man dann den Demokraten in die Schuhe schieben kann, und dann könnten die Republikaner 2022 und 2024 in einer gewaltigen Welle zurückkommen. Und das wird wahrscheinlich seine Strategie sein, und sie ist gar nicht so unvernünftig. Das könnte eine totale Katastrophe werden. Man könnte sie aufhalten, aber nicht, wenn die Partei ihre Verpflichtung darin sieht, es den Großspendern und Wall Street recht zu machen. Das wird die Katastrophe nicht aufhalten.

MS: Das ist sehr einsichtig. Um noch einmal auf die Wahlen zurückzukommen: Eines der großen Probleme genau wie bei der vorigen Wahl war, dass ein Kandidat sieben Millionen Stimmen mehr als der andere hatte, und bei der Wahl von 2016 waren es fast drei Millionen. Dennoch bestand die Gefahr, dass Trump wiedergewählt würde, was natürlich mit diesem antiquierten System des Wahlmännerkollegs zu tun hat. Aber das ist ja nur ein Teil des Problems. Der andere besteht in dieser Form des Mehrheitswahlrechts, bei der der Gewinner alle Stimmen bekommt, und es gibt noch eine Menge anderer Probleme mit dem demokratischen politischen System in den Vereinigten Staaten. Sehen Sie irgendwelche Wege oder Versuche, diese Probleme zu lösen?

NC: Das wird nicht leicht sein. Es ist ein sehr undemokratisches System. Eine wichtige Studie[6], die gerade erschien und die nicht genügend Aufmerksamkeit bekam, aber eine sehr sorgfältige, detaillierte, auf Daten basierende, gründliche Analyse ist und frühere solche Studien in noch größeren Einzelheiten bestätigte, zeigte, dass 90 Prozent der Bevölkerung, die unteren 90 Prozent, letztlich im politischen System gar nicht repräsentiert sind.

Das heißt, dass es keine Beziehung zwischen ihren Wünschen und Haltungen und dem Stimmverhalten ihrer eigenen politischen Vertreter gibt. Die hören nämlich auf ganz andere Stimmen, und das sind die Stimmen der Reichen und Mächtigen, die Stimmen der »Spenderklasse«. Das bedeutet, dass der Standpunkt von 90 Prozent der Bevölkerung gar nicht repräsentiert ist.

Das ist ein gravierender Faktor, der zu den strukturellen Problemen, die Sie gerade erwähnt haben, noch hinzukommt. Und da ist das Wahlmännerkolleg ja schon schlimm genug, aber der Senat ist noch viel, viel schlimmer. Der Senat ist vollkommen undemokratisch. Ein Staat wie Wyoming, der vielleicht eine halbe Million Einwohner hat, hat zwei Senatoren –

MS: Und 70 Prozent haben Trump gewählt.

NC: – und Kalifornien hat 40 Millionen Einwohner und zwei Senatoren. Die einzige Art, wie das verändert werden kann, ist durch einen Verfassungszusatz, aber es gibt genügend Senatsstimmen von den kleinen Staaten mit rechter Mehrheit, um einen solchen Verfassungszusatz zu verhindern. Das ist also eine regelrechte Verfassungskrise, die im Übrigen ganz unabhängig ist von Trump und schon seit langer Zeit vor sich hin gärt.

Aber da ist noch mehr. Die demografische Struktur des Landes sieht so aus, dass die Stimmen der Minderheiten, der Gewerkschaften und der progressiveren Sektoren in den Städten konzentriert sind. Die ländlichen Gebiete, die geografisch gesehen den größten Teil des Landes bilden, sind weiß, christlich, weiß-nationalistisch, wenig gebildet, religiös, auf Waffen fixiert und so weiter. Und sie haben auf Ebene der Einzelstaaten eine überwältigende Wählermacht, ganz einfach durch die Art, wie die Distrikte zugeschnitten sind. Das ist also ein weiteres Problem.

Das sind sehr ernste Probleme, die durch Trump noch gravierender wurden. Sie wissen ja, dass Biden bei diesen Wahlen mit vollen *sieben Millionen Stimmen* gewonnen hat, aber es in den entscheidenden Einzelstaaten mit nur ein paar zehntausend Stimmen gerade noch einmal so geschafft hat. Und auch wenn wir weiter nach unten blicken, ist schon seit ziemlich langer Zeit klar, dass die Demokraten fast immer auf allen Ebenen einschließlich des Repräsentantenhauses die Mehrheit der Gesamtstimmen erhalten, aber trotzdem nicht die entsprechenden Abgeordneten bekommen, weil das System nun einmal so strukturiert ist.[7]

Das sind Probleme, die sehr schwer zu überwinden sein werden. Aber direkt vor unserer Nase haben wir noch viel drängendere Probleme, mit denen wir uns sehr rasch auseinandersetzen müssen, weil von den anderen Problemen sonst gar nichts mehr übrigbleiben wird. Eines davon ist natürlich die Umweltkrise, aber wir müssen auch den Wettlauf zu einem Atomkrieg stoppen und dem rasenden Niedergang funktionierender demokratischer Prozesse ein Ende setzen.

All das sind dringliche Probleme. Und sie sind in den Vereinigten Staaten besonders dramatisch, finden sich aber auf der ganzen Welt wieder und werden bleiben, solange die neoliberale Pest weiter wütet.

MS: Ja, aber wie könnte das mit der gegenwärtigen politischen Konstellation gehen? Gehen wir einmal vom besten Fall aus, in dem die Demokraten im Januar 2021 in Georgia beide Senatssitze gewinnen. Das wäre ja immer noch eine hauchdünne Mehrheit und man hat ja auch sehr schwankende Demokraten. Parlamentarisch gesehen ist also schon einmal alles sehr schwierig.

NC: Die Demokraten sind kein einheitlicher Block. Einige der Demokraten, jene, die man die »Blue Dog« Demokraten nennt, sind letztlich gemäßigte Republikaner. Sie werden im Senat wahrscheinlich nicht mit den anderen Demokraten stimmen, selbst wenn die Demokraten die Sitze in Georgia gewinnen, was selbst unwahrscheinlich ist; es ist eine sehr schwierige Situation.

Aber McConnell und die Republikaner *sind* ein solider Block. Die Chancen, dass Veränderungen im Kongress erreicht werden können, stehen nicht sehr gut. Es sind also massiver Aktivismus und Druck vonseiten der Bevölkerung nötig, um die Demokraten in eine sozialdemokratische Richtung zu drängen, mit der sie dann wiederum auf große Unterstützung der Bevölkerung rechnen könnten, wenn sie sich dem rechten Druck entgegenstellen, der von den wichtigsten Sektoren der wahren Macht kommt, der ökonomischen Macht, die sich in vielerlei Formen zeigt. Das wird ein sehr heftiger Kampf sein.

MS: Der Schlüssel zu alldem wird also letztlich außerparlamentarische Aktion sein, wie Aktionen von Gewerkschaften, Aktionen von anderen Zusammenschlüssen, allen Arten von Gruppen.

NC: Ja! Das kann die Demokratische Partei in eine gemäßigt sozialdemokratische Richtung drängen, was große Auswirkungen haben würde, aber es ist noch sehr viel mehr nötig als das. Wenn das Land sich ändern soll, müssen das Bildungsniveau und das Niveau des Verständnisses für die Probleme gehoben werden, und das heißt Aktivismus an allen Fronten. Selbst in den gebildeten Sektoren der Bevölkerung verstehen nicht genügend Leute den Ernst der Gefahr einer Umweltkatastrophe und eines Nuklearkrieges – sie verstehen es einfach nicht.

MS: Ein Problem ist also, dass die Angehörigen der so genannten oder selbsternannten Avantgarde diese brennenden Fragen selbst nicht verstehen, und umso weniger unternehmen sie dann etwas, um zu versuchen, andere aufzuklären und mit ihnen zu reden.

NC: Man sieht das unter anderem an einer Menge von Debatten innerhalb der Linken, in denen prominente Figuren, denen ein sehr großen Spektrum von Leuten zuhört, keinen Grund erkennen konnten, gegen Trump zu stimmen. Sie haben nicht begriffen, dass das bei Weitem wichtigste Element der Politik Trumps, das viel wichtiger als alles andere ist, der Wettlauf zur Maximierung der Nutzung fossiler Brennstoffe und zur Zerstörung des Regelapparats ist, der diese Nutzung zumindest etwas einschränkt. Das wird so gut wie gar nicht diskutiert. Die Themen, über die diese Leute diskutieren, sind ja nicht unwichtig, aber über dieses Hauptthema diskutieren sie nicht. Das muss sich sehr schnell ändern. Ich sollte sagen, dass es unter den jüngeren Leuten wesentlich besser ist, selbst unter den jüngeren Republikanern. Von ihnen betrachtet immerhin etwa ein Drittel den Klimawandel als ein ernstes Problem, ein wesentlich höherer Anteil als bei den Republikanern insgesamt. Es besteht also Hoffnung, wenn man daran arbeitet, aber da wird in Zukunft noch sehr viel getan werden müssen.

MS: Würde dann nicht eine dringende Maßnahme oder Strategie darin bestehen, mit diesen Leuten in Kontakt zu kommen und zu versuchen, eine gemeinsame Plattform zu diesen Fragen mit ihnen zu finden?

NC: Natürlich! Man kann nicht einfach die Hälfte der Bevölkerung abschreiben.

MS: Im Haupttext dieses Buches sprechen Sie von der kulturellen Rückständigkeit der Vereinigten Staaten, wo einige Prozesse, die in der zweiten Hälfte des 20. Jahrhunderts zumindest im größten Teil Europas geschehen sind, offenbar nie vonstatten ging. 80 Prozent der Bevölkerung glauben an Wunder, 40 Prozent sind fundamentalistische Christen und sehen vielleicht nicht einmal eine Gefahr in der Klimaerwärmung, weil sich darum ja Jesus kümmern werde. Was ist Ihrer Meinung nach der Grund für dieses Phänomen und wie ist es möglich, mit diesen Leuten ins Gespräch zu kommen? Das wird natürlich nicht funktionieren, wenn man sie als einen »Haufen von Versagern«[8] betrachtet, aber wenn man davon einmal absieht?

NC: Nun, das sind die Äußerungen, die aus der Clinton-Kampagne kamen; das war wirklich erbärmlich. Die Gründe für das, was Sie angesprochen haben, sind nicht so schwer herauszufinden. Wenn man sich die Geschichte der Vereinigten Staaten ansieht, sieht man, dass sie ein sehr isoliertes Land waren. Es war sehr reich und sobald die ursprüngliche Bevölkerung erst einmal ausgerottet waren, benutzten die Herrschenden die bösartigste Form von Sklaverei der Welt, um billige Baumwolle zu bekommen, das Äquivalent der fossilen Brennstoffe im 19. Jahrhundert; sie verfügten über enorme Vorteile und immense Ressourcen. Es war ein riesiger Kontinent, der sich in totaler Sicherheit vor jeder Gefahr und jeder Bedrohung befand; die USA sind seit 1812 nicht mehr angegriffen worden.

Sie waren das reichste Land der Welt, aber kulturell gesehen waren sie rückständig. Wenn man vor dem Zweiten Weltkrieg, der dann alles veränderte, Schriftsteller oder Künstler werden wollte, ging man nach Paris, oder wenn man Physik studieren wollte, ging man nach Deutschland. Wenn man Philosophie studieren wollte, ging man nach Wien oder London oder sonst wohin in Europa. All das änderte sich mit dem Zweiten Weltkrieg. Europa war verwüstet, die USA gewannen enorm an Macht, wurden zur Nummer eins in der Welt und zu einem kulturellen Zentrum. Ein Teil der Bevölkerung machte den Wandel aber nicht mit.

MS: Hat das mit der Spaltung in städtische und ländliche Gegenden zu tun, von der Sie vorhin gesprochen haben?

NC: Ja, mehr oder weniger, nicht zu hundert Prozent. Die städtischen Regionen waren tendenziell die kulturellen Zentren. Das waren sie auch vorher schon, aber jetzt prägte sich es noch viel stärker aus. Lassen Sie mich das mit einer Anekdote erklären. Als ich 1955 ans MIT kam, bestand ein Teil meiner Lehrverpflichtungen darin, Doktoranden dabei zu helfen, ohne echte Kenntnisse ihre Lektüreprüfungen in Deutsch und Französisch zu bestehen. Es war totaler Unsinn, ein Anachronismus, denn die ganze Literatur war auf Englisch. Vor dem Zweiten Weltkrieg war die Literatur auf Deutsch und Französisch. Wenn man damals Ingenieur werden wollte, musste man Französisch und Deutsch können. Nach dem Zweiten Weltkrieg blieben davon nur noch diese Prüfungen übrig. Das ist ein Fingerzeig darauf, wie gravierend diese Veränderung war.

Die Veränderungen galten jedoch nur für einen Teil der Bevölkerung und nicht in den ländlichen Gebieten, die weitgehend so blieben wie zuvor. Daher kommen die Zahlen von der Art, wie Sie sie erwähnt haben. Und hier sprechen wir nicht nur von Bildungs- und Wirtschaftsfaktoren. Das sind alles Regionen, die sehr schwer von dem neoliberalen Angriff der letzten Jahrzehnte getroffen wurden. Viele dieser ländlichen Gebiete waren in Wirklichkeit Regionen mit verarbeitender Industrie. Eine Menge Fläche wird von der Landwirtschaft eingenommen, aber das sind die Regionen, die die Grundlage für die verarbeitende Industrie des Landes bildeten und nicht die riesigen Fabriken in den Großstädten, die sich mit ihnen die Arbeit teilten. Sie wurden durch die neoliberalen Globalisierungsprogramme zerstört. Wenn man durch die ländlichen Gebiete geht, sieht man verödete Städte –

MS: Ja, es ist unübersehbar.[9]

NC: – in denen das nächste Krankenhaus vielleicht fünfzig Meilen weit weg ist, und das führt natürlich zu einer Menge von Ressentiments und Wut und bereitet dann das Terrain für

Demagogen vom Stil Trumps. Trump spielt sehr gut auf dieser Klaviatur. Er erzählt ihnen, ich liebe euch, und dann tut er, was er nur kann, um ihnen zu schaden. Aber das sehen sie nicht. Was sie sehen, ist, dass er dasteht und sagt, ich bin der Einzige, der euch liebt. Und einige von ihnen profitieren ja auch davon, wie die reichen Farmer, die zig Milliarden Dollar an Subventionen bekommen haben, um sie für ihre verlorenen Märkte zu entschädigen. Gewaltige Subventionen. Sie wählen natürlich Trump, er bezahlt sie ja quasi dafür. Er ist nicht dumm.

MS: Vor Kurzem hat jemand auf der Internet-Plattform ZNet einen Artikel geschrieben, in dem behauptet wurde, wenn wir uns die Politik Trumps genau ansähen, zeige sich, dass sie in mancher Hinsicht sehr wohl etwas für die untere Hälfte der Bevölkerung bewirkt habe; so sei zum Beispiel die Arbeitslosigkeit zurückgegangen, die unteren Schichten der Arbeiterklasse seien vor der Konkurrenz durch Einwanderer geschützt worden und so weiter und so fort.[10] Sind Sie der Meinung, dass an solchen Analysen etwas dran ist?

NC: Während der Trump-Jahre gab es eine Fortsetzung von Trends, die es schon in den Jahren unter Obama gab. Nach dem wirtschaftlichen Zusammenbruch 2008 und 2009 gab es eine langsame Erholung. Die Beschäftigungszahlen gingen hoch, die Arbeitslosigkeit ging zurück, und während der Trump-Jahre hat sich das schlicht und einfach fortgesetzt. Der Unterschied besteht in der Propaganda. Trump schreibt sich das Verdienst selbst zu; Obama hat das nicht getan. Es war nicht nur so, dass die riesige Propagandamaschine der Republikaner Obama unter Trump pausenlos attackiert hat, sondern auch die Demokraten selbst haben nie klargemacht, dass die Arbeitslosigkeit unter

Obama etwas zurückging und dann zwar unter Trump weiter sank, aber auf eine sehr zerstörerische Art. Sehen wir uns einmal an, was als »Beschäftigung« bezeichnet wird. Wenn man eine Stunde in der Woche arbeitet, gilt man als »beschäftigt«. Die Beschäftigung, die wuchs, bestand aus prekären Arbeitsplätzen im Niedriglohn- und Dienstleistungssektor, bei denen Gewerkschaften nichts zu melden hatten. Hier waren die Gewerkschaften nicht in der Lage, für höhere Löhne zu kämpfen, da sie zerstört worden waren. Wenn man sich die tatsächliche Arbeitslosigkeit einschließlich der Leute ansieht, die sich aus dem Arbeitsmarkt verabschiedet haben, liegt die Arbeitslosenrate bei etwa sieben Prozent.

MS: Es gibt hier also eine Menge Schönfärberei.

NC: Aber man kann es tatsächlich auch an dem sehen, was die Leute tun. In den letzten zwei oder drei Jahren haben wir eine Menge von dem gesehen, was als »Tod aus Verzweiflung« bezeichnet worden ist. In den USA gibt es mittlerweile eine sinkende Lebenserwartung; eine beispiellose Entwicklung.

MS: Es gibt sogar ein Buch mit diesem Titel, *Deaths of Despair*.[11]

NC: Und das spielt sich in der weißen Arbeiterklasse im Altersspektrum ungefähr zwischen 25 und 50 ab – sie begehen einfach Selbstmord. Und das liegt nicht daran, dass die Wirtschaftslage so großartig ist, sondern daran, dass sie schlecht ist und diese Menschen keine Zukunft mehr sehen. Das ist sehr wichtig. Früher nahmen die Leute die Haltung ein: Vielleicht wird es ja in Zukunft besser, vielleicht zumindest für meine Kinder. Jetzt ist das nicht mehr so.

MS: Wie groß ist da Ihrer Meinung nach die Rolle, die die Beherrschung der US-Politik durch Geld bei dieser Spaltung der Gesellschaft spielt? In einigen Ihrer Interviews haben Sie gesagt, und Sie sagen es auch in Ihrem Buch, dass die Bevölkerung im Hinblick auf ihren Medienkonsum gespalten ist. Die eine Hälfte der Leute liest oder konsumiert liberale, städtisch orientierte Medien, während die andere Hälfte vollkommen auf Fox News oder was immer danach noch kommen mag, fixiert ist, und so befinden sie sich nicht einmal in dem Sinn auf einer gemeinsamen Grundlage, wie das zumindest in gewissem Ausmaß in Europa der Fall ist. So haben wir zum Beispiel in Deutschland das Erste Programm, das Zweite Programm und die Dritten Programme, und danach kommen dann erst die ganzen Privatsender. So haben viele Leute immer noch eine ähnlichen Informationsbasis, insofern sie die staatlichen und öffentlichen Mediensender ansehen und anhören. Das ist ja in den USA nicht der Fall.

NC: Das liegt daran, dass es diese Medien gar nicht gibt. Die Vereinigten Staaten sind eines der sehr wenigen Länder, in denen es eigentlich so gut wie gar keine öffentlichen Medien gibt. Es gibt hier nichts in der Art der BBC oder des deutschen Gegenstücks dazu. Und der Grund dafür geht auf den Ausgang gewaltiger Kämpfe zurück, die in den 1920er-Jahren mit dem Aufkommen der Radios und dann wieder in den 1940er-Jahren mit der Einführung des Fernsehens stattfanden. Es gab in den USA heftige Auseinandersetzungen darüber, ob wir öffentliche Medien haben sollten, die in gewissem Maß auf die Bedürfnisse der Bevölkerung eingehen würden, oder ob wir das ganze System einfach privatisieren und es in die Hände kommerzieller Unternehmen geben sollten.

Nun, das ist eben eine von Konzernen beherrschte Gesellschaft. Es gibt einige wenige, sehr kleine öffentliche Medien und sie sind sehr konservativ, weil ein Großteil davon von Großunternehmen finanziert wird. Das sind gravierende Probleme. Aber was die Spaltung betrifft, die Sie erwähnt haben – ich habe gerade aus einer Studie zitiert, die in der Wirtschaftspresse erschien.[12] Die Organisatoren teilten die Teilnehmer an ihrer Studie in Republikaner und Demokraten auf und sie gaben den Befragten eine Auswahl von dreißig Medien: Radio, Fernsehen, Internetposts, Blogs, und die Ergebnisse waren ziemlich bemerkenswert. Bei den Republikanern wurden in überwältigendem Maß Fox News, Rush Limbaugh, Breitbart genannt. Und bei den Demokraten gab es eine Art Mischung.

Aber dazu sollte ich sagen, dass diese liberalen Medien nicht einmal grundsätzlich anders sind [lacht]. Das heißt, dass sie zentristisch sind. Wenn man sich internationale Vergleiche ansieht, wobei man unterschiedliche Maßstäbe anwenden kann, stellt sich heraus, dass die Demokraten sich in einer Kategorie mit den zentristischen Parteien in Europa befinden, während die Republikanische Partei in derselben Kategorie ist wie Parteien wie die AfD und andere rechte Parteien mit neofaschistischen Wurzeln.

MS: In den USA sieht die Lage also so aus, dass progressive Kräfte einem harten Kampf gegenüberstehen. Alles, was in Europa zumindest in gewisser Hinsicht, wie mangelhaft es auch sein mag, bereits vorhanden ist, muss in den Vereinigten Staaten erst noch aufgebaut werden. So gibt es ja abgesehen vom politischen System selbst auch noch die Frage nach der Macht des Geldes in der Politik. Was in dieser Hinsicht in den USA vor sich geht, ist glücklicherweise in Europa zumindest bis jetzt noch undenkbar.

NC: Die wichtige Studie, die ich gerade zitiert habe und besagt, dass 90 Prozent der Bevölkerung gar nicht repräsentiert sind, legt ebenfalls dar, dass die erste Aufgabe eines Abgeordneten, der ins Repräsentantenhaus gewählt worden ist, darin besteht, zu den Spendern zu gehen und bei diesen dafür zu sorgen, dass sie auch den nächsten Wahlkampf finanzieren. Damit verbringt der Abgeordnete mehrere Stunden am Tag. Und während er das tut, kommen verkappte Lobbyisten und sprechen mit Mitarbeitern und wickeln sie natürlich ein. Dabei können diese Mitarbeiter wunderbare Leute sein. Das sind größtenteils junge Leute, aber sie werden von einer Masse an Unternehmensanwälten und von den vielen Recherchearbeiten und Gesetzesentwürfen total überwältigt. Sie sind es ja in Wirklichkeit, die im Wesentlichen die Gesetze schreiben. Es findet ein enormes Maß an Lobbyarbeit statt und in den letzten Jahren, vor allem seit Reagan, ist es noch schlimmer geworden. So kommen dann unsere Gesetze zustande. So kommt es dazu, dass 90 Prozent der Bevölkerung nicht repräsentiert sind. So viel zur Frage des Geldes im Rahmen von Wahlen, aber es wirkt sich permanent im gesamten System aus.

MS: Das ist vergleichbar mit dem Behemoth, den wir hier in Brüssel haben, nämlich in der Europäischen Union, die vom Lobbyisten absolut überwältigt wird. Genau das macht die EU bei vielen Leuten so unbeliebt.

NC: Europa unternimmt da in vieler Hinsicht einen noch schlimmeren Angriff auf die Demokratie als die Vereinigten Staaten. Es ist genau das, was Sie gerade gesagt haben. Die Struktur der Europäischen Union nimmt die Entscheidungen den Bevölkerungen der Länder und den nationalen Regierungen weg und legt sie in die Hände der nicht gewählten Troika, der dann die deutschen Banken über die Schulter schauen. Das ist ein extremer Angriff auf die Demokratie und das hat seine Auswirkungen. Es ist der Grund, warum viele der großen Parteien in Europa praktisch zusammengebrochen sind: weil die Macht der Bevölkerung weggenommen worden ist. Das gilt selbst für altehrwürdige Parteien wie die deutschen Sozialdemokraten. Das ist es, was passiert, wenn man ein radikal undemokratisches System hat, in dem nicht gewählte Bürokraten zusammen mit den Banken die wichtigsten Entscheidungen treffen.

MS: Das führt mich zum letzten Teil des Interviews, nämlich zu dem Teil, in dem es darum geht, was getan werden sollte. Ich habe zwei Fragen dazu. Die erste ist: Sie haben ja die gute Erfahrung gemacht, sehen zu können, dass man selbst im Fall furchtbarer Verbrechen wie denen in Vietnam oder in Osttimor etwas tun kann und dass sich die Kräfte des Widerstandes hier durchgesetzt haben, auch wenn dies viel zu spät geschah und die Opfer dennoch einen furchtbaren Preis zahlen mussten. Der US-Angriff auf Vietnam konnte beendet werden, Osttimor wurde zumindest in einem gewissen Ausmaß befreit – was wären ihre Lehren aus dieser Zeit für unsere Situation heute?

NC: Nun ja, was getan werden sollte, wird tatsächlich bereits getan, wenn auch nicht in genügendem Ausmaß, aber es wird daran gearbeitet. Nehmen wir beispielsweise die Progressive Internationale[13], die gerade in Island, dessen Premierminister Mitglied ihres Leitungsgremiums ist, ihre erste internationale Konferenz hatte. Sie hat sich zunächst aus der Sanders-Bewegung in den USA und DiEM25, der Bewegung von Yanis Varoufakis in Europa, einer progressiven internationalen Bewegung in Europa, gebildet. Dort versucht sie, die ernsten Mängel der

Europäischen Union wie diejenigen, die Sie erwähnt haben, zu überwinden und dabei die positiven Seiten der EU beizubehalten und zu stärken, die ja durchaus vorhanden sind. Sie hat jetzt auch Teilnehmer aus dem globalen Süden, darunter einige wichtige. Wenn es ihr gelingt, sich zu festigen und zu organisieren, wird das eine internationale Organisation sein, die große Unterstützung genießt und die einen großen Unterschied machen und viele der Stimmen, welche bereits vorhanden sind, vereinigen könnte. Ich denke also, dass wir schon die skelettartige Struktur eines Widerstands gegen den restriktiven neoliberalen Angriff haben, aber da liegt noch eine Menge Arbeit vor uns.

MS: Wenn ich Sie richtig verstehe, heißt dass, dass die Bemühungen in zwei Richtungen gehen sollten: Zum einen sind wirkliche Organisationsanstrengungen an der Basis nötig, bei denen man in Kontakt mit Leuten tritt, die von vielen als konservativ oder als Hinterwäldler oder Reaktionäre betrachtet werden; das sind genau die Leute, mit denen man reden und mit denen man ein Gespräch führen muss. Auf der anderen Seite muss angesichts des Stadiums, das die Welt heute erreicht hat, alles auch auf internationaler Ebene stattfinden. Das heißt, alles muss von ganz unten nach ganz oben und wieder zurückgehen.

NC: Alle unsere Probleme sind international und kennen keine Grenzen. Die Erderwärmung ignoriert alle Grenzen. Ein Nuklearkrieg wird uns alle vernichten. Und die Zerstörung der Demokratie hat leider einen ansteckenden Charakter. All die großen Probleme, denen wir gegenüberstehen, sind international.

Tatsächlich kann sich die Trump-Regierung eine geostrategische Errungenschaft gutschreiben, für die sie, je nach Standpunkt, noch nicht genügend gelobt oder verurteilt worden ist, und das ist die Tatsache, dass sie eine Geostrategie gehabt hat. Ob Trump selbst davon wusste, weiß ich nicht, aber diese Strategie wurde umgesetzt. Sie haben eine reaktionäre Internationale geschaffen, die aus den reaktionärsten und repressivsten Staaten der Welt besteht und vom Weißen Haus aus dirigiert wird. Und sie hat Fortschritte gemacht. In der westlichen Hemisphäre ist das Bolsonaros Brasilien. Im Nahen Osten, der natürlich ein wichtiges strategisches Zentrum ist, sind es die Diktaturen am Golf, die brutalsten, repressivsten Staaten der Welt, außerdem Ägypten unter der schlimmsten Diktatur seiner modernen Geschichte, der Diktatur unter Sisi, und natürlich Israel, das sich sehr weit nach rechts entwickelt hat. Und diese neuen »Abraham-Abkommen« von letztem August, die so hoch gelobt werden, bringen jetzt unter Schirmherrschaft der USA eine Allianz der repressivsten, gewalttätigsten Staaten in der Region zum Vorschein, die dort die Basis der Macht der USA bilden soll. Ein großartiger Erfolg. Und im Osten haben wir Modis Indien, wo die säkulare Demokratie Indiens zerschlagen und Kaschmir vernichtet wird. Weitere sehr passende Mitglieder sind Victor Orbans Ungarn, dazu noch andere sympathische Leute in Europa wie Mario Salvini, die Alternative für Deutschland (AfD) und so weiter – sie haben all diese Kräfte zu einer reaktionären Internationale zusammengeschlossen.

MS: Leider gibt es zu viele davon, um sie hier alle zu nennen.

NC: Ja, aber so sieht es jetzt aus. Man könnte sagen, dass die Progressive Internationale eine Art Gegengewicht dagegen ist, aber das ist ein großer Kampf, eine Art von Klassenkampf in internationalem Maßstab. Und das Schicksal der menschlichen

Gesellschaft hängt vom Ausgang dieses Kampfes ab. Es ist ein Augenblick in der Geschichte, wie es ihn noch nie zuvor gegeben hat, dergestalt, dass das Schicksal der menschlichen Gesellschaft innerhalb dieser Generation entschieden werden wird – auf die eine oder die andere Art.

MS: Ich denke, das ist ein gutes Schlusswort für diesen Teil des Interviews; wir haben uns durch zehn Fragen hindurchgearbeitet, die ich zuvor geschickt hatte, und jetzt habe ich eine elfte, und wenn Zeke[14] sich beteiligen möchte, wäre das jetzt der Moment, weil es bei der Frage um den Unterschied zwischen Menschen und der restlichen Welt geht. Wie viele Leute wahrscheinlich wissen, wurden Sie ursprünglich durch ihre Beschäftigung mit der Frage bekannt, was sprachliches Wissen ist.

NC: Unter dem Tisch, an dem ich sitze, befinden sich zwei liebenswerte Wesen, deren Namen ich hier leider nicht nennen kann, weil sie sonst sofort zur Tür rennen würden, und sie haben etwas, was man als »Gedanken« bezeichnen könnte, aber dann hecheln sie, und das war's. Sie wissen, was sie wollen. Wenn sie es bekommen, schön, und wenn sie es nicht bekommen, werden sie ganz aufgeregt. So sieht die nichtmenschliche Welt aus.

Nun, es gibt Tiere, die unglaubliche Dinge tun, Dinge, die Menschen niemals tun könnten. Ich lebe ja jetzt in einer Wüstenregion. Weit draußen in der Wüste gibt es Wüstenameisen. Sie haben winzige Gehirne, aber sie sind zu geistigen Leistungen in der Lage, die für mich nicht einmal vorstellbar sind. Sie können die Richtung, in der ihr Nest liegt, bestimmen, indem sie die Position der Sonne im Verhältnis zur Erde analysieren und dabei auch noch den jeweiligen Jahreszeitpunkt einbeziehen; sie wissen, wie man das tut und diese Berechnungen benutzt, um durch ständige Neukalkulation zum Nest zurückzufinden und bei alldem können sie die Schritte zählen, damit sie wissen, wie weit sie gehen müssen. Menschen sind zu so etwas nicht einmal entfernt in der Lage, aber dafür können diese Tiere nichts von dem tun, was wir tun.

Sie haben keine Gedanken, keine Reflexion, Planung, Diskussion oder irgendetwas anderes in der Richtung, nichts davon. Das ist ausschließlich menschlich. Man kann Tieren, selbst Affen, nicht einmal mit den intensivsten Bemühungen auch nur die Anfänge davon beibringen. Es ist eine einzigartige Eigenschaft des Menschen, die in evolutionärer Zeit gemessen offenbar erst vor ganz Kurzem, vor einigen hunderttausend Jahren aufgetaucht ist. Davor gibt es in den archäologischen Funden keinerlei Hinweise auf irgendwelche bedeutsamen symbolischen Aktivitäten. Diese Eigenschaft scheint zusammen mit der modernen Form des Menschen erstmals vor einigen hunderttausend Jahren aufgetaucht zu sein und führte zu einer Spezies, die sich radikal von allen anderen unterscheidet.

MS: Und das wäre dann auch einer der Gründe, warum die menschliche Spezies sich für diesen anderen Bereich, mit dem Sie sich beschäftigen, nämlich die Erforschung dieser Eigenschaft der Sprache und der Grundlagen, auf denen sie basiert, interessieren sollte.[15]

NC: Die Fähigkeit zu denken basiert in erster Linie auf der Sprache, die letzten Endes ein Instrument des Denkens ist. Wir verwenden sie, um die Gedanken, die wir haben, zu konstruieren, zu entwickeln und zu artikulieren. Praktisch alles, was wir wissen, deutet darauf hin, dass es auf der Erde keinerlei Art von Denken, das den Gedanken von Menschen auch nur ähnlichsieht, je zuvor gegeben hat, und das gilt vielleicht sogar für das gesamte Universum. Wir haben keinerlei Hinweis darauf, dass es noch einen anderen Ort gibt, wo Sprache existiert.

Sprache ist ein einzigartiges Phänomen und sie gibt uns einerseits die Fähigkeit, viele wundervolle Dinge zu tun, andererseits aber auch die Fähigkeit, alles zu zerstören. Ich kann mich immer noch nur zu gut an den unvergesslichen Tag erinnern, als mir klar wurde, dass die menschliche Intelligenz sich so weit entwickelt hatte, dass wir seitdem in der Lage sind, alles zu zerstören. Das war der 6. August 1945, ein Tag, der sich in die Erinnerung eingebrannt hat. Und seitdem haben wir immer unter diesem Schatten gelebt. Damals wussten wir noch nicht, dass zu dieser Zeit auch eine neue geologische Ära begann, das Anthropozän, in der die Tätigkeit des Menschen die Aussicht auf das Überleben nicht nur der eigenen Art, sondern auch auf das von Millionen von anderen Spezies zunichtemacht. Wir erleben bereits die Anfänge eines Prozesses des Massenaussterbens, wie er seit 65 Millionen Jahre nicht mehr stattgefunden hat.

Menschen haben also die Fähigkeit, alles zu zerstören, und sie haben die Fähigkeit zu erstaunlichen Leistungen, und wir befinden uns jetzt in einem Augenblick der Geschichte, an dem wir uns sehr schnell entscheiden müssen, welcher dieser Aspekte der menschlichen Natur die Oberhand gewinnt. Es geht um nicht weniger als das.

MS: Glücklicherweise waren zwei der prominentesten Intellektuellen des 20. Jahrhunderts, Albert Einstein und Bertrand Russell, ebenfalls sehr besorgt über die Gefahr eines Atomkriegs. Heute würden wir diese Art von Wissenschaftler als etwas Ungewöhnliches betrachten: Sie versuchten, ihr Wissen in der Bevölkerung zu verbreiten. Und ich denke, das ist auch eine der dringlichsten Aufgaben, die wir heute haben, nämlich diese Dinge unter allen Menschen bekannt zu machen, damit sie sie verstehen und dementsprechend handeln können. Und die Sprachwissenschaft mag hiervon nur ein kleiner Teil sein, aber ein Verständnis der Sprachwissenschaft und der Sprache selbst bedeutet auch ein Verständnis des Menschen selbst und ist daher vielleicht ein Teil des nie aufhörenden Projekts der Aufklärung.

NC: Das ist definitiv richtig. Das sind Dinge, die verstanden werden sollten und die zumindest von professionellen Sprachwissenschaftlern verstanden werden sollten. Viele von ihnen interessieren sich nicht dafür, aber sie sollten es tun: die Erforschung der Sprache, des Geistes, unserer geistigen Aktivitäten betrifft unseren menschlichen Wesenskern. Nicht umsonst hat der Philosoph David Hume das Studium der menschlichen Natur als die höchste Form von Wissenschaft bezeichnet: Die anderen Wissenschaften sollten dem untergeordnet sein. Und das ist eine lange Tradition, die bis zum vorsokratischen Orakel von Delphi zurückgeht. Die Botschaft der Priesterin war: Erkenne dich selbst. Das ist das Wichtigste. Erkenne und begreife, was für ein Wesen du bist; alles andere ist daraus nur abgeleitet. Ich denke, dass diese Botschaft von vor 2.500 Jahren auch für uns wichtig sein sollte.

MS: Ich glaube, das ist ein wunderbares Schlusswort für dieses Interview. Ganz vielen Dank für dieses Gespräch.

7 Weitere Quellen

Als Dokumentation eines ganzen Lebens als öffentlicher Intellektueller sind Noam Chomskys Werke ein einzigartiger Fundus für zeitgenössische Analyse und zeitgenössischen Aktivismus. Es gibt viele Gründe, sich mit diesem Werk intensiver zu befassen, darunter nicht zuletzt der vielfältige Charakter von Noam Chomskys Engagement. In seinen Schriften findet man nicht nur historische Tiefe und analytische Klarheit, sondern auch eine breit angelegte Perspektive, die die vielen Konfliktpunkte der Gesellschaft ins Auge fasst und die mannigfaltigen Beziehungen zwischen ihnen und die manchmal verborgenen, ihnen zugrundeliegenden politischen und wirtschaftlichen Strukturen beleuchtet.

Drei Punkte, an denen man im Internet beginnen kann, sind folgende Websites:

- Die Website des Massachusetts Institute of Technology mit den »Noam Chomsky Personal Archives«, https://archivesspace.mit.edu/repositories/2/resources/1305.
- Die offizielle Noam Chomsky Website, gegründet von Pablo Stafforini und betrieben von Valeria Chomsky, http://chomsky.info, die ständig aktualisiert wird.

- Die offizielle Noam Chomsky Facebook Site: https://www.facebook.com/Noam-Chomsky-294468630182/.

Ein weiterer und neuer Einstieg in Chomskys Denken beschäftigt sich mit seinen Quellen, das heißt einer exemplarischen Auswahl der vielen Werke, die Noam zitiert und mit seinem Publikum geteilt hat. Die Website »The Chomsky List«, (http://ChomskyList.com), verfolgt diesen Ansatz und ist so eine weitere wertvolle Ressource.

Wertvoll an ihr ist auch, dass sie uns eine kurze Liste der Werke liefert, die eines Tages vielleicht einmal »die Chomsky-Klassiker in sozialer und politischer Theorie« bezeichnet werden könnten. Dazu gehören das gemeinsam mit Edward S. Herman verfasste Buch *Manufacturing Consent: The Political Economy of the Mass Media* (1988/2002) über die institutionelle Struktur von Medien und Propaganda, *Amerika und die neuen Mandarine. Politische und zeitgeschichtliche Essays* (1969), Noams erstes »politisches« Buch, in dem er seine Analyse des Verhältnisses der USA zum Rest der Welt etabliert, *For Reasons of State* (1973)[1], in dem er diese Themen wiederaufnimmt und das Noams Standardwerk über den Vietnamkrieg ist. Das auf einen Vortrag von 1970 zurückgehende *Die Zukunft des Staates. Vom klassischen Liberalismus zum libertären Sozialismus* (2005), in dem Noam seine Vision von einer libertär-sozialistischen Zukunft darlegt und sie mit den etatistischen Formen von Sozialismus und Kapitalismus kontrastiert, und *Hybris. Die endgültige Sicherung der globalen Vormachtstellung der USA* (2003)[2], in dem er viele der im vorliegenden Buch diskutierten Themen behandelt und die Zukunftsaussichten der Menschheit mit der Frage in Verbindung bringt, wie sie sich mit einer herrschenden Klasse auseinandersetzen wird, die jeden Aspekt des menschlichen Lebens militarisiert. *Fateful Triangle: The United States, Israel and the Palestinians* (1999), (Deutsch in den zwei Bänden *Offene Wunde Nahost. Israel, die Palästinenser und die US-Politik* (2002) und *Keine Chance für Frieden. Warum mit Israel und den USA kein Palästinenserstaat zu machen ist* (2005)) schließlich ist das Standardwerk, das Noams Kritik der US-Beziehungen zu Israel und die Gründe für seine Solidarität mit dem palästinensischen Freiheitskampf etabliert.

[Einen hervorragenden und gut verständlichen Überblick über Chomskys wissenschaftliche und politische Ansichten gibt der von C. P. Otero herausgegebene Interviewband *Language and Politics* (3. Ausgabe 2004). A. d. Ü.]

Natürlich sind außerdem auch viele Bücher *über* Noam und sein Denken geschrieben worden. Eine der besten intellektuellen Biografien, die Noams wissenschaftliches Werk in der Linguistik mit seinem sozialen und politischen Denken zusammenbringt, ist James McGilvray, *Chomsky: Language, Mind and Politics* (2. Ausgabe, 2013). McGilvray hat außerdem einen wichtigen Überblick über das Denken Noams herausgegeben, nämlich *The Cambridge Companion to Chomsky* (2. Ausgabe, 2017). In vergleichbarer Weise liefert Milan Rai mit *Chomsky's Politics* (1995) einen Überblick über Noams politisches Denken und dessen Aufnahme in der US-amerikanischen intellektuellen Szene. Robert Barsky verortet mit *The Chomsky Effect: A Radical Works Beyond the Ivory Tower* (2007) Noams politische Arbeit in ihrem politischen Kontext und zeigt uns so Noams einzigartige Kombination von Argumentation und auf Aktivismus gerichtete Provokation.

[Biografisches über Chomsky findet sich am ausführlichsten in Robert Barsky, *Noam Chomsky. Libertärer Querdenker* (1999) und Michael Schiffmann (Hg.), *Absolute Noam Chomsky* (2004).

Siehe https://uni-mannheim.academia.edu/MichaelSchiffmann für die biografischen Teile des letzteren Buchs. Einen sehr guten deutschsprachigen Überblick über Chomskys Werk liefert Günther Grewendorf, *Noam Chomsky* (2006). Das umfassendste und gründlichste Buch zu Chomskys wissenschaftlichem und politischem Werk ist Neil Smith & Nicolas Abbott, Chomsky*: Ideas and Ideas* (3. Ausgabe 2016) A. d. Ü.]

Einige Dokumentarfilme über Chomsky haben verdientermaßen weite Verbreitung gefunden. Die bekanntesten davon sind die der Filmemacher Mark Achbar und Peter Wintonick, *Manufacturing Consent* (1992, Deutsch 1996) und des Regisseurs Peter Hutchison, *Requiem for the American Dream* (2015, deutsch 2016). Das Begleitvideo zum vorliegenden Buch (siehe www.chomskyspeaks.org/) enthält den in Kapitel 1 des vorliegenden Buchs wiedergegebenen Vortrag und liefert außerdem auch einen guten Eindruck von der Atmosphäre eines typischen »Chomsky-Events«.

Anmerkungen

Einführung

1 Im März 2019 berichtete das Scripps Institution of Oceanography in San Diego einen Anstieg des Kohlenstoffspiegels von 407.06 ppm im März 2017 auf 411.97 ppm im März 2019; siehe https://www.co2.earth/. Dies zeigt, dass die Welt, statt ihre Emissionen zurückzufahren, weiter in beschleunigtem Tempo auf einen unumkehrbaren, abrupten Klimawandel zusteuert.

1 Die zweifache Bedrohung

1 Reves, Emery (1945, 2015): *The Anatomy of Peace*. Andesite Press.
2 Edgeworth, M. et al. (2016): Second Anthropocene Working Group Meeting (Conference Report). *The European Archaeologist* 47, online verfügbar unter: http://nora.nerc.ac.uk.
3 United Nations Environment Program, »Frequently Asked Questions Relating to the Kigali Amendment to the Montreal Protocol«, 3. November 2016, online unter: ec.europa.eu.
4 »To Thomas Jefferson from James Madison, 8 August 1791«, Founders Online, National Archives, online unter: https://founders.archives.gov; Original: *The Papers of Thomas Jefferson, vol. 22, 6 August 1791–31 December 1791*, Hg. Charles T. Cullen. Princeton: Princeton University Press, 1986, 17–18.
5 Shultz, George P., William J. Perry, Henry A. Kissinger und Sam Nunn, »How to Protect Our Nuclear Deterrent«, *Wall Street Journal*, 19. Januar 2010, online unter: www.wsj.com.
6 International Court of Justice, »Legality of the Threat or Use of Nuclear Weapons«. 8. Juli, 1996, online unter: www.icj-cij.org.
7 UN-Vollversammlung, 71. Sitzung, »General and Complete Disarmament: Taking Forward Multilateral Nuclear Disarmament Negotiations«, 14. Oktober 2016, online unter: www.un.org (angenommen am 27. Oktober 2016). Mit dem »Vertrag über das Verbot von Kernwaffen« vom 7. Juli 2017 beschloss die Vollversammlung das Ziel der vollständigen Beseitigung von Kernwaffen. Der Vertrag ist allerdings noch nicht in Kraft getreten (Herausgeber).

8 *Bulletin of Atomic Scientists*: *The Dooms-day Clock*. https://thebulletin.org/doomsday-clock/.
9 2019 stellte das *Bulletin of Atomic Scientists* die Weltuntergangsuhr auf 2 Minuten vor Mitternacht vor, und inzwischen (November 2020) hat sich diese Zeit auf 100 Sekunden verkürzt. Siehe Kapitel 5: Die Dritte Gefahr.
10 Gorbatschow ging davon aus, dass das Bündnisgebiet der NATO nicht auf das Territorium der ehemaligen DDR und schon gar nicht über die Grenzen eines vereinigten Deutschlands hinaus nach Osten ausgedehnt würde.
11 Shifrinson, Joshua R. Itzkowitz. »Deal or No Deal? The End of the Cold War and the U. S. Offer to Limit NATO Expansion«, *International Security*, Bd. 40. Nr. 4. (Frühjahr 2016): 7–44, online unter: www.belfercenter.org.
12 Sakwa, Richard (2016): *Frontline Ukraine: Crisis in the Borderlands*. London: I. B. Taurus.
13 Zitiert in Chomsky, Noam (1992): *Deterring Democracy*. New York: Hill & Wang, 90.

2 Wie erreichen wir die Menschen?

1 Hochschild, Arlie Russell (2017). *Fremd in ihrem Land: Eine Reise ins Herz der amerikanischen Rechten*. Frankfurt/M.: Campus. [Die US-Originalausgabe erschien 2016. A. d. Ü.]

3 Fragen der Strategie

1 Stephan, Maria J. und Erica Chenoweth. »Why Civil Resistance Works: The Strategic Logic of Nonviolent Conflict«, *International Security*, Bd. 33. Nr. 1. (Sommer 2008): 7–44.
2 Burnham, Walter Dean (1982): *The Current Crisis in American Politics*. Oxford & London: Oxford University Press.

4 Aktuelle Gedanken über Bewegungen und ihre Zukunft

1 Department of Defense (2018): »Summary of the 2018 National Defense Strategy of the United States of America«, online unter: https://dod.defense.gov.
2 Pollin, Robert, Heidi Garrett-Peltier, Jeannette Wicks-Lim, Shouvik Chakraborty und Tyler Hansen (2017), *Green Growth Programs for U. S. States*, online unter: www.peri.umass.edu.

5 Die dritte Gefahr: Die Aushöhlung der Demokratie

1 Das Video dieser von der Campaign for Peace, Disarmament, and Common Security, encuentro5, Massachusetts Peace Action und dem Wallace Action Fund unterstützten Veranstaltung findet sich auf der Website von Democracy Now! unter https://www.democracynow.org/2019/7/5/an_hour_with_noam_chomsky _on. [Dort findet sich auch seine anschließende Diskussion mit der Moderatorin der Veranstaltung Amy Goodman. A. d. Ü.]
2 Office of the Secretary of Defense (2018), »Nuclear Posture Review«, https://media.defense.gov/2018/Feb/02/2001872886/-1/-1/1/2018-NUCLEAR-POSTURE-REVIEW-FINAL-REPORT.PDF.

3 Postol, Theodore A. (2019), »Russia May Have Violated the INF Treaty. Here's How the United States Appears to Have Done the Same«. *Bulletin of Atomic Scientists*, 14. Februar, online unter: https://thebulletin.org.
4 Oder in den Worten des *Bulletin*: »Diese großen Bedrohungen – Atomwaffen und Klimawandel – wurden im letzten Jahr durch den wachsenden Einsatz von Kriegsführung auf dem Informationssektor zur weltweiten Schwächung der Demokratie verschärft, was die von diesen und anderen Bedrohungen ausgehenden Risiken noch erhöht und die Zukunft der Zivilisation in außerordentliche Gefahr bringt. Die gerade beschriebene komplexe und furchterregende Realität hat nichts mehr mit irgendeiner Form von Normalität zu tun.« Online unter https://thebulletin.org/doomsday-clock/.

6 Was kommt nach Trump? Interview im Dezember 2020

1 Der Interviewer Michael Schiffmann hat eine Reihe von Büchern von Noam Chomsky übersetzt, so auch das vorliegende. Die Diskussionen im Hauptteil von *Rebellion oder Untergang* enden im Jahr 2019, aber da das Buch kurz nach den US-Wahlen von 2020 herauskommt, wollten Verlag und Übersetzer nicht darauf verzichten, Noam Chomsky auch zur gegenwärtigen Lage nach der Wahlniederlage Donald Trumps zu befragen, und er erklärte sich freundlicherweise kurzfristig zu einem Interview noch vor Drucklegung des Buchs bereit.
2 Carter C. Price und Kathryn A. Edwards, *Trends in Income From 1975 to 2018*, RAND Corporation 2020, WR-A516-1, https://www.rand.org/.
3 Siehe https://twitter.com/existentialfish/status/1323752032000450570.
4 Einige weithin akzeptierten Ideen werden dargelegt in Noam Chomsky & Robert Pollin, *Die Klimakrise und der Global Green New Deal. Die politische Ökonomie zur Rettung unseres Planeten*, Unrast Verlag 2021.
5 Die New Yorker Abgeordnete Alexandria Octavio-Cortez, die zusammen mit den ebenfalls progressiven Abgeordneten Ilhan Omar, Ayanna Pressley und Rashida Thlaib die so genannte »Squad« bildete, die bei den Wahlen von 2020 durch weitere fortschrittliche Abgeordnete wie Cori Bush und Jamal Bowman verstärkt wurde. Im Unterschied zu vielen konservativen Demokraten hielten die Mitglieder der »Squad« ihre Parlamentssitze mit großem Vorsprung.
6 Thomas Ferguson, »Affluent Authoritarianism: McGuire and Delahunt's New Evidence on Public Opinion and Policy«, Institute for New Economic Thinking, 2. November 2020. Siehe außerdem Benjamin I. Page und Martin Gilens, *Democracy in America? What Has Gone Wrong and What We Can Do About It*, University of Chicago Press 2020. Page und Gilens haben ebenso wie Ferguson schon zuvor eine Reihe von Studien zu diesem Thema vorgelegt, darunter »Testing Theories of American Politics: Elites, Interest Groups, and Average Citizens«, Perspectives on Politics, Bd. 12, Nr. 3 (September 2014), 564-581. Für eine gute Zusammenfassung letzterer Studie siehe Andrew Prokop, »Study: Politicians listen to rich people, not you«, *Vox*, 28. Januar 2015.
7 Die Wahlen zum US-Senat mit seinen 100 Mitgliedern mit einer Amtszeit von sechs Jahren finden alle zwei Jahre zeitgleich mit den Präsidentschaftswahlen oder genau dazwischen statt; dabei werden jeweils 33 oder 34 Senatoren gewählt. Bei den Senatswahlen 2016 lag das Stimmenverhältnis zwischen Demokraten und

Republikanern bei etwa 51 Millionen zu 41 Millionen, bei denen von 2018 bei 52 Millionen zu 35 Millionen und nur bei den Senatswahlen von 2020 lagen die Republikaner mit 40 Millionen zu 38,5 Millionen leicht vorn. Die derzeit 50 republikanischen Senatoren repräsentieren also 116 Millionen Wähler, während die 48 demokratischen Senatoren 141,5 Millionen Stimmen brauchten, um gewählt zu werden.

8 Im September 2016 bezeichnete Hillary Clinton während eines Wahlkampf-Fundraisers mit Barbara Streisand und anderen Berühmtheiten in New York City die Hälfte der Unterstützer ihres Kontrahenten Trump als »a basket of deplorables«. Sie seien »rassistisch, homophob, sexistisch, fremdenfeindlich, islamfeindlich und sonst noch alles Mögliche«.

9 Zu diesem Thema siehe u.a. Noam Chomsky, *Requiem für den amerikanischen Traum: Die 10 Prinzipien der Konzentration von Reichtum und Macht*, Ullstein, Berlin 2019, und Chris Hedges & Joe Sacco, *Days of Destruction, Days of Revolt*, Nation Books 2012.

10 Nesrine Malik, »Not every Trump voter is racist or misled. There's a rational Trump voter too«, *ZNet*, 25. November 2020.

11 Anne Case und Angus Deaton, *Deaths of Despair and the Future of Capitalism*, Princeton University Press 2020.

12 Laura Hazard Owen, »Republicans and Democrats live in ›nearly inverse news media environments,‹ Pew finds«, *NiemanLab*, 20. Januar 2020. Über die Studie wurde auch auf Bloomberg News berichtet, wo Chomsky als regelmäßiger Leser der Geschäftspresse auf sie stieß. Für die Studie selbst, siehe Mark Jurkowitz, Amy Mitchell, Elisa Shearer und Mason Walker, »U.S. Media Polarization and the 2020 Election: A Nation Divided«, Pew Research Center, 24. Januar 2020.

13 Siehe die vielsprachige Website https://progressive.international/.

14 Valeria und Noam Chomskys zweisprachiger Papagei, dessen Lieblingsparole »Souveränität für alle Völker der Welt« ist. Dies allerdings in seiner Erstsprache Portugiesisch, also: »Soberania para os povos de todas as nações!«.

15 Diese Eigenschaften werden diskutiert aus Perspektiven, die vieles teilen, aber auch ein Vierteljahrhundert oder mehr auseinanderliegen, in Noam Chomsky, *Probleme sprachlichen Wissens*, Philo Verlag 1996 und Noam Chomsky, *Was für Lebewesen sind wir?*, Suhrkamp 2015.

7 Weitere Quellen

1 Auf Deutsch stark, vor allem unter die Vietnam betreffenden Kapitel, gekürzt unter dem Titel *Aus Staatsraison* (1974). A. d. Ü.

2 Neu aufgelegt unter dem Titel *Hegemonie oder Untergang: Amerikas Streben nach Weltherrschaft* (2016). A. d. Ü.